新　未来のための回想

吾が父正親、母しょう、亡き妻佑喜に捧げる

序文

いまから十七年前、松沢病院を退職して顧問を勤めていた一九八五年十一月七日、初版のあとがきにも書いたように、松沢病院の友人諸君が中心となって私の傘寿を祝う集いを催してくれたのを機会に、松沢病院在任中の一九八三年四月から五月にかけて信濃毎日新聞に二十一回にわたって連載した「精神医学遍歴の旅路」に加筆して「未来のための回想」として出版することにした。この小さな本はそれでもかなりの読者があり、売りきれとなった。この本は松沢での生活でおわっているが、それはちょうど私の精神医学遍歴の旅路の終着駅でもあった。「精神医学遍歴の旅路」の最終回の「残された日々、前向いて」の末尾に「これで私はようやく私の終着駅に到着することができそうである。私の精神医学遍歴の旅路はそろそろ終わりである。私の今願うのは、残された日々を、回顧ではなく前進のために使いたいということである」と書かれている。

精神医学遍歴の旅路の終わりは新しい旅路への門出でもあった。残された日々を、回顧ではなく前進のために使いたいという私の願いが多くの知友に助けられ、支えられて叶えられてきたことはまことに有難いことである。

国立武蔵療養所に勤務した一九六六年から一九七七年までの十一年間に知り合った、小平市の共同作業所の若い溌剌としたスタッフや保健所の熱意溢れる保健婦さんや職員に啓発されて、私は障害のある人たちの地域生活を援助する活動に参加するようになった。社会福祉法人ときわ会あさやけ作業所、社会福祉法人あけぼの福祉会府中共同作業所、社会福祉法人きょうされんリサイクル洗びんセンターのお世話をし、共同作業所の全国組織であるきょうされん（旧共同作業所全国連絡会）の顧問として、障害者、ことに精神障害者に関する法制度上の差別、人権侵害を克服する活動に参加しているが、それは、およそ六十年におよぶ大学および精神病院で私が学んだことの総括ともいうべきものである。

今年、二〇〇二年二月、私の二十世紀精神医学の歩みの総決算である「実践精神医学講義」を日本文化科学社から出版することができた。知友諸君がその出版記念会を六月二十日に開いてくださるということである。そこでこの機会に、かねてから増刷したいと思っていた「未来のための回想」を、それ以後に書いた文章を加えて「新・未来のための回想」として刊行することにした。二十世紀を精神科医として生きてきたひとりの人間の回顧録ではあるけれども、それは未来のための回顧であると思っている。この本が多くの読者に愛され、障害者の未来を拓くために役立つことができればまことに幸いである。

この本が成るについては創造出版編集長押切寛子さんに一方ならぬご苦労をおかけした。心からのお礼を申し上げる

二〇〇二年六月二十日

秋元波留夫

初版あとがき

私は一九〇六年一月二十九日の生れだから来年の誕生日に満八〇歳を迎えることになる。そこで、平均寿命をこえた私のために友人諸君が傘寿を祝って下さるという。まことにありがたいことである。まだやりたいことが山ほどある私にしてみれば、もうこの辺で休息したらどうか、という意味ではなく、もっとききままにすきなことをやれ、とはげまされることを期待してよろこんでそのご好意をうけることにした。

生きたことのしるしを少しでも残すことができれば本望だが、私は私のあとにつづく世代が私の残したものなどを無用なものにしてくれる期待がもてることを幸せに思う。この「未来のための回想」に集録した文章もまたそのような意味での私なりの「生けるしるし」である。

一九八五年十一月七日、京王プラザホテルで開かれた「傘寿の祝い」の日に

秋元波留夫

目次

第一章　来し方の記

1　私の生い立ち

信州は私の父祖の地であるけれども、私自身の来し方をふりかえるとあまり縁が深いとはいえない。私は長野市で出生したが、三歳の時、一家とともに東京に移ったからこの街の記憶は全くない。その後、もの心ついてから信州で暮したのは旧制松本高等学校で学んだ三年間だけである。

信州にそれほどなじみのない私であり、それに過去をふりかえることが嫌いな性分の私が信濃毎日新聞の求めでこの原稿を書く気持ちになったのは次のような事情からである。

その一つは、私のものの考え方や、身の処し方に生粋の信州人である両親の影響が、まぎれもなく働いていることを折にふれて強く感ずるようになったことである。自分でも不思議に思うのだが、年をとるにつれてこの思いが強くなるような気がする。

もう一つ、このほうがおもな理由なのだが、父が亡くなったあと長いことほったらかしにしてあった大きなダンボール箱にぎっしりつまった遺稿を最近整理してみたら、そのなかに信州に関する紀行文、随想、交友録、自叙伝などがみつかったことである。和紙に筆墨で書かれた数百枚にのぼる古びた文書を読むのに難渋しているが、父が生きた明治時代の信州、それにこの時代の父のいきざまを知って、それらが私という人間の形成に否定すべくもない影響を与えたにちがいないと感じているこのごろなのである。

父の遺稿の整理はまだ終わっていないが、そのなかから、読者の皆さんに多少は興味があろうと思われることを紹介していきたいと思う。

まずはじめに私が生まれた頃の長野の模様を父の手記から描いてみよう。父が長野に住んだのは明治三十一年五月から十年間である。上田城下小学校の校長の職を退いて、新しく創立された長野県信濃教育会の仕事に専念することになって長野に移ってきたのである。手記には次のように書かれている。

> 長野に移居して早くも十星霜を経たり。はじめ師範学校門前の信濃教育会仮事務所の住宅に住みたりしたが、間もなく県会議事堂に隣接せる買入れ事務所に移りたり。この事務所はもと山林会の建物にして、二階建ての瀟洒たる洋館なり。その裏手は一面の水田にして田植えどきには青蛙の声絶ゆることなし。犀北館を角にして県庁通りに接し、これを登れば、県庁、師範学校、市役所に達し、また大通りに出づれば、直ちに善光寺本門に至り、さらに転じて城山に赴けば城山館あり。小高きところに築造したれば川中島全景を一望におさめ、壮快言はんかたなし。

当時、長野の人口は二万ほどであった。亡兄袈裟夫、弟寿恵夫と私はここに書かれている信濃教育会の舎宅で生まれた。長兄不二三はこの頃、長野師範附属小学校、ついで県立長野中学校で学んだのである。私たち兄弟の出生、生い立ちの模様は父の手記に詳しく書かれている。父は長野在住中も、三省というペンネームでせっせと雑文を書いて東京の文芸雑誌や、長野、松本の新聞に寄稿していた。少年時代からの漢学に加えて青年期には短歌、俳句、小説、評論まで手をひろげたことが、残っている切り抜き帳を見るとよくわかる。父が小学校の教職をすてて、時間的に余裕のある仕事に移った動機には、文筆の自由を得たいという思いがあったのではないかと想像してみるのである。切り抜き帳には面白い文章がたくさんあるが、そのうちの一つに「学校の騒擾」という題の短文がある。

「近来何ぞわが県教育界の騒擾かくも多きや」という書きだしで、南安穂高小学校、南佐久中瀬小学校、南安豊科小学校などで、郡当局と教員が対立して「同盟罷務」（ストライキのことだろう）が頻発しているが、そのおもな原因は教員に対する待遇が劣悪なこと、郡当局者が教育に理解がないことだといい、県がこの「学校騒擾病」を傍観することなく適切な対策を講ずるように求めている。この文章が書かれたのは明治三十二年ごろだが、信州の教師に教育をまもる熱意と行動がこの時代から培われていたことを物語る一文である。

父の残した文章を読んでいると、私自身が信州で長く生きてきたかのような錯覚に襲われる。

私が信州人の血を受けついでいるからでもあろう。

2　開智学校で学んだ父

私の父、正親が生まれたのは下諏訪久保の諏訪神社境内三精寺である。父が残した「秋元家」という文書によると、父の祖父で諏訪藩士であった村岡伊奈保が明治維新で禄を離れ、諏訪神社の宮司となった際、秋元家を創設したという。三精寺は宮司の住宅として使われていたのである。祖父にはたきというひとり娘があり、その婿養子としてむかえたのが松本藩士河原家の二男善吾である。父は文久元年（一八六一）九月二十七日、善吾とたきの長男として生まれた。しかし、善吾は間もなく松本の実家に戻ってしまう。神職を継ぐことを嫌ったためだろう。たきは父たちをつれ、そのあとを追って松本に移った。父が三、四歳の頃である。

善吾の一家は西町にあった長兄河原憲吾の邸内に同居し、父は開智学校に入学した。開智学校はわが国で最古の小学校として有名だが、父はその創設期の状況を次のように書いている。

開智学校は明治初年の学制発布により、新しき教育を行うべく創立されたるものなり。五十音といろは文字を絵図によって教育することとなり、まず一堂に数十名の児童を集め、絵図を示して文字と絵によりて童心に了解せしむることとなしたり。

寺子屋式教育から、視聴覚教育のはしりともいえるような教授法に移ろうとしていた時代だった。そして、校舎は次のようなものだった。

余がはじめて学びしは、千歳橋を渡りたる対岸（北深志のほうから見た場合のことだろう）にありたる開智学校なり。此処は往時、寺院にてもありしところならんか、校舎の裏手には墓石の累累として立ちてあるをみて知るを得べし。校舎はいずれも平屋にして、最大の教室は、本堂の全部を開放したるもの、これに接する教室は庫裏を改造したるもの、薄暗き板敷間の、下駄ばきにて昇降したる教室は寺の厨房にてもありしならんか。この建物と並びて右側に平屋作りの校舎あり。変則中学と称して十五、六歳の青年が漢書、英書、また数学などを学習せるところなりしが、余もまたここにて学びたり。

開智学校は明治九年、二階だての白壁の洋館となり、面目を一新する。父が描いたような歴史的事実を知る人は少ないだろう。父は明治八年八月、開智学校を卒業する。筑摩県権令正六位永山盛輝から優等の賞状をもらった、と書かれている。開智学校をおえると直ちに第十八番

父が学んだ開智学校。いまは開智二丁目に移転復元されている。

中学校（変則中学ともよばれた）に進み、明治十一年卒業する。学制が猫の目のように変わった時代で、全国が大学区にわけられ、筑摩県は十八番区に属していたのである。

父が何故教師の道をえらんだのか、手記には書かれていないが、勉学好きであったことと、東京や京都に遊学できるほど経済的に恵まれていなかったことなどがその理由のように思われる。父は明治十二年六月、長野県師範学校松本支校（前身は筑摩県師範学校）に入学、同十四年五月卒業する。この学校は父の手記によると、「柳町を裏手として、西は堀をへだてて旧城祉に接し、二階建ての洋館」だったという。「小池に清水を湛え、茂樹、喬木なきも、芝生及び灌木ありて風致おのずから備われり」とあるから、なかなかしゃれた学校だったにちがいない。

父は師範学校を卒業すると、校長の推せんで木曽野尻小学校訓導としてはじめて教壇に立つ

ことになる。この地で、私の母しょうとであうのだが、そのロマンスは後に述べるとして、明

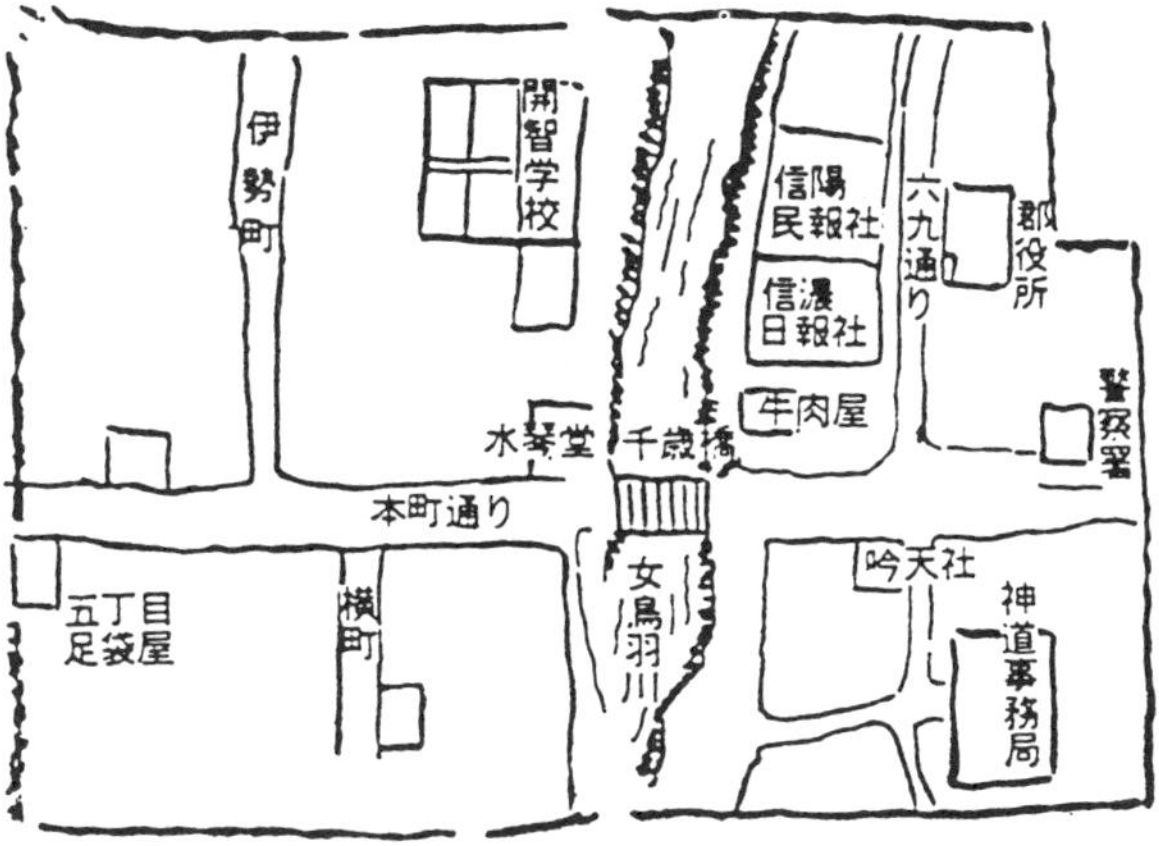

父描くところの千歳橋界隈のスケッチ『松本小記』から

治十八年四月、松本の深志学校に転任、ついで明治二十年四月、母校の開智学校の教師となり、再び松本で暮らすようになった頃の松本の風物詩を父が残した『松本小記』から拾ってみよう。

この頃の松本は南信の文化の中心で、明治五年に創刊された信飛新聞（後に松本新聞、信陽日日新聞、信中新報、松本日日新聞などと改める）をはじめ、自由民権を主義とする「信濃自由」や、経済界の新聞「信濃」などの新聞が覇を競っていた。また、千歳橋を渡り、大名町に入って、すぐ右手にあった吟天社からは『清籟新誌』なる文芸雑誌が発刊されていた。父はこの雑誌や信濃日報に盛んに寄稿した。信濃日報に載せた『城山の記』には次のように書かれている。

松本平眺望第一の地、これを城山となす。幾千の人

家一眸に収め得て、犀川の流、梓の水、宛然一条地上の虹に似たり。…元来この山は城南の北山つづきにして、その脈ひきて犀川を限る。全山櫻樹蔚然として、これに交わるに松柏あり、山の西麓は犬飼、新橋、宮淵にして、その東麓は蟻ケ崎たり。木澤寺その間にありて晩鐘殷々霞を破って遠く聞え凄槍の感に堪へず。

3　父と母の出会い

木曽路はすべて山の中である。あるところは岨づたいに行く崖の道であり、あるところは数十間の深さに臨む木曽川の岸であり、あるところは山の尾をめぐる谷の入口である。一筋の街道はこの深い森林地帯を貫いていた。

この文章は、いうまでもなく、島崎藤村の小説『夜明け前』の書きだしである。私の母しょうは、藤村のふるさとである馬籠の宿にほど近い、木曽十一宿の一つ、野尻で明治五年一月八日に生まれた。藤村と同年の誕生である。正月生まれだから、しょうと名づけたという。

母の生家は野尻宿の脇本陣木戸彦左衛門の分家で、代々宿場役人をつとめた木戸伝右衛門で、屋号を「三文字屋」といった。しかし、母の父の代には実名の久次郎を名のっていた。久次郎は文芸をたしなみ、和歌、俳句に熱心だった。木曽路は深い山の中ではあったが、京都と江戸を結ぶ要路であったから、そこに住む人々の文化的意識は決して低くはなかった。久次郎も木曽文化人のひとりだったようである。

母が父と結ばれるいきさつは父の手記に詳しく書かれているが、それはただ私的な感傷にとどまらないで、この時代の木曽の雰囲気をよく伝えていると思うので、ここで述べてみたい。

父は明治十四年十一月、十九歳の時、西筑摩郡野尻小学校訓導を命ぜられ、はじめて木曽の地に足を踏み入れる。父の手記によると、松本から塩尻までは馬車、それからさきは徒歩で、途中福島宿で一泊、ようやく野尻に到着したという。はじめての木曽路の旅は若い父の感慨を誘ったようで、漢文調の美文でその景観を書いている。私も松本高等学校在学中、同級の友と二人、父のたどった木曽路を歩いたことがある。父が着任した当時の野尻小学校は寺子屋に毛の生えたようなみすぼらしいものだったらしい。父の手記は次のように記している。

野尻に到着するや直ちに本陣というを訪ねたり。ここは学校の所在地にして、主人は森喜左衛門とよび、学務委員をなし、学事に関することは一切その掌中にあり。よって当分は森家に宿を定め、その控え家たる学校に行きて児童の授業をなすこととせり。授業生は奥田駒之烝なる一青年にして、これまでひとりの手にて授業をなしいたりとのことなり。学校とはいうも、ただ控え家の座敷三間の畳をあげて、板敷きとなせるのみ。

おそらく、木曽路の小学校はどこでも似たような状況におかれていたのだろう。当時の児童は、初級三十人、中級四、五人、上級一人であった。父は授業生の青年と二人で、これらすべての生徒に全科にわたる授業をやらなければならなかったから、十九歳の若者には大変な重荷であったにちがいない。父は野尻小学校に四年半ほど在職して、明治十八年二月、松本深志学校に転任となったが、母との出会いはこの転任と関係があるようだ。母の兄伝（つたえ）は幼名伊勢太郎という三文字屋の嫡男だが、父が着任した時、彼はただ一人の上級生徒であった。上級の卒業試験は郡役所から派遣される巡回試験委員によって行われることになっており、難関とされていたが、伝は十二歳でこの試験に見事合格した父の秘蔵の弟子だった。だから、父は松本に転任すると、伝を手元におき中学校に学ばせた。伝はその後、東京蔵前の職工学校（後の東京高等工業学校、現在の東京工業大学）をおえ、特許弁理士となった。昭和十一年に六十六歳で亡くなったが、信州出身の特許事業の草わけである。

父が伝の妹しょうをはじめて知ったのは、彼女が九歳で初等科の生徒のころである。だから、父と母は師弟の関係にあったのだが、十九歳の若者はその生徒の少女にはげしい恋心を抱くようになる。父はその頃の母を回想して次のように書いている。

しょう、幼にして性活発、人に屈せず、しかれども衷心誠実、よく他人のために尽くす。同友の信望厚かりき。余が野尻に赴きし時、他の女児とともに授業に出席し居たり。男女併合の教授なりしが、活発にして男生徒を凌駕するの概あり。時に自分も教授せしことありしが（父はおもに中等科を担当したらしい）、態度熱心にして毫も他人に負くるを潔しとせざるの風あり。余は何となくこの気風を愛しいたり。時に生徒を集めて暗算を課し、その答えをきくに、いつも挙手して、率先答ふるを常とし、その態度いかにも真摯なりしには愛を惹かざるを得ざるものありき。

この手記は父の晩年に書かれたものだが、私は一種の感動をもって読まないわけにはいかなかった。父はこのいささかおてんばで利発な小娘に愛情を抱いた。ところが父が、その手記のなかで「とんだ失敗」とよんでいる、ハプニングがおこり、愛着の深い野尻を離れなければならないことになる。

4　こころのふるさと木曽

父のふるさとであり、また私が青春の三年をおくった松本よりも、母のふるさとである木曽に、一層強く心をひかれる。何故だろうか。それは木曽の風土のせいかも知れないが、私を生んだ父母の結ばれたところだということのほうが大きな理由のように思われる。

　明治十四年、野尻小学校の若い教師であった父はその教え子であった母に恋をする。ところが、とんだ失敗から父は野尻を去らなければならない羽目になる。父が母におくった恋文が、同じ苗字の本家に配達されるというハプニングがおこったからである。それがもとで、教師のスキャンダルとしてたちまち評判になり、一部の人たちから非難の声があがるようになった。母の生家の三文字屋や本家の木戸の人たち、それに友人たちは父の真情を知って大いに庇護してくれたが、父は辞意をかため、在住四年ばかりで野尻を去り、松本の実家に戻った。松本での父の生活は前に書いた。父は松本で暮らした間も母のことを忘れなかったようである。松本在住の間、盛んに詩歌や短編小説の類を新聞、雑誌に投稿しているが、それで母への思慕をまぎらわしていたのかも知れない。母の兄伝を松本に伴い、中学に学ばせたのも、心の痛手をいやす代償だったのだ。

　父がせっかく獲得した松本開智学校教員の職を捨て、明治二十年五月、新設された木曽平沢の小学校に職を求めたのは、母の住む野尻が近いためだったと思われる。たった一人で寺院の本堂を仮教室として使い、数十人の児童を教育した。その後、間もなく、もっと設備のととのった福島小学校に移ることができた。福島からは野尻はそう遠くない。父はたびたび母の住む三文字屋を訪れることができるようになった。皆あたたかく迎えてくれた。福島から野尻までは近いとはいっても険阻な山道である。冬の季節など通行は難儀であった。父の手記は当時の模様を次のように述べている。

福島より野尻までは十里もあらんか。この路は山路にして、しかもまだ、吹雪のおり、降雨の時など、とてもひととおりのことにては通行し得ざるものなるにもかかわらず、余は徒歩にて山路を跋渉して毫も意に介することなかりき。夕頃三文字屋に着するやいろりには巨大な薪をくべてたき火をなしおるをもって、このたき火にわらじのまま踏みこみ、とりあえず、あたたかき茶にて咽喉をうるほし、それより三文字屋の両親によもやまの話をなす折、蒲柳細腰《ほりゅうさいよう》のしょう（母の名）、袖なし半纏をはおり、楚々として歩み寄り、道中の苦をいたわり、旅の疲れを慰めてくれたり。その言辞の優しさにいつかは心も恍惚として措くところを知らざるの感あらしめたり。もしそれ、現今の写真機ありてその状うつしたらんにはこよ無き記念となりしならん。今はただわが脳裡にうたたの如く浮かびくるのみなり。

父の長年の思いがかなって母と結婚したのは明治二十一年一月五日である。父二十七歳、母十六歳であった。婚姻は母の実家三文字屋の奥座敷で行われた。席に列したのは、野尻小学校の同僚で、何くれとなくこの結婚の面倒を見てくれた内山克己夫婦、木戸の本家、父が厄介に

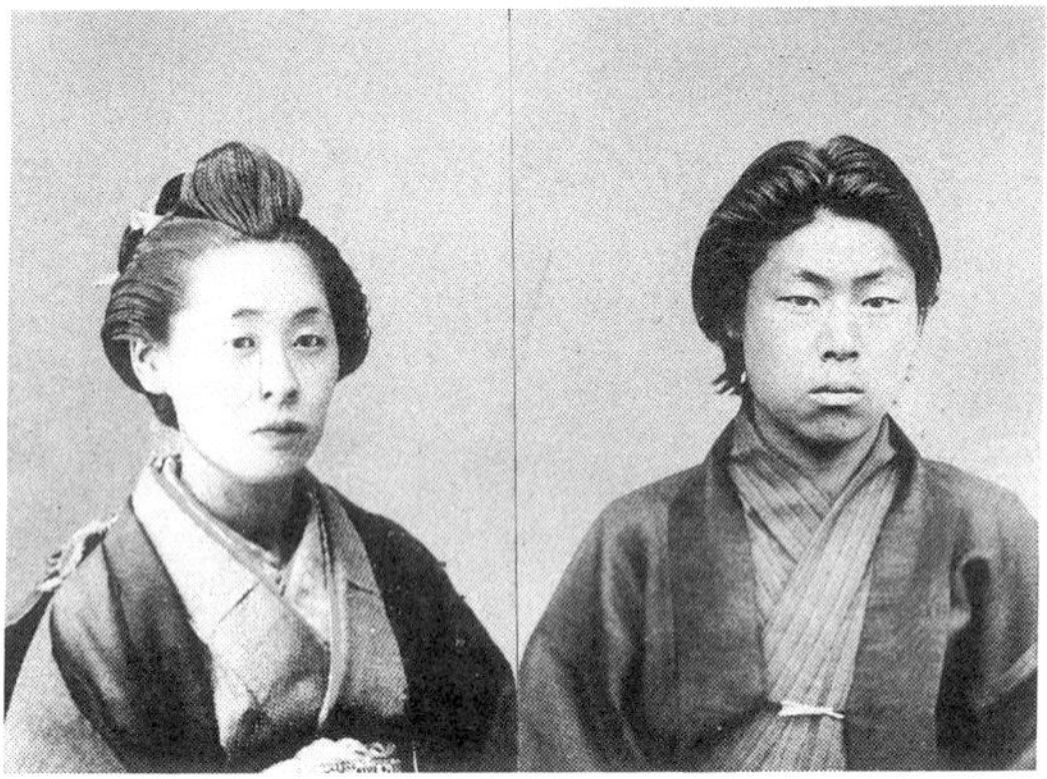

若き日の父と母（明治25、6年頃）

なった、いさみ屋の老夫婦で、ささやかではあったが、温かい心のこもった婚礼であったと、その時のことを父は回想している。

結婚すると間もなく、父は福島から、野尻の隣の長野の小学校に転勤となった。翌二十二年五月、須原、長野、殿、野尻の四カ村は合併して大桑村となり、村役場は長野におかれ、長野小学校は大桑小学校となり、明治二十二年九月十一日、父は校長に任命される。「大桑小学校の分校となりし野尻小学校で、しょうに初年生の授業をなさしめたり」と父の回顧録に書かれている。この頃が父の得意の時期だったのだろう。

明治二十四年、父は西筑摩郡視学を命ぜられ、しょうとともに、郡役所の所在地福島に移った。かつて逃げるようにして野尻を去った父は、今回は野尻、長野、須原で惜別の宴に招かれた。「人々皆誠意をつくされ感激のほかなかりしなり」と父は述懐している。

私は松本高等学校在学中に木曽路を歩いて以来、何度か母のふるさとを訪れた。いま野尻には母の生家三文字屋は存在しない。嫡子伝が東京に移ったからである。しかし、本家の木戸の家は健在である。昭和五十四年十一月二十二日、私は同じく野尻出身の厚生省大臣官房科学技術審議官北川定謙博士と母のふるさとを訪れ、父や母を知る皆さんにお目にかかることができた。木曽はやはり、私の心のふるさとである。

5　松本高等学校で学ぶ

「夕暮るる筑摩の森をそぞろ行くわが紅《くれなゐ》の顔《かんばせ》を…」という寮歌は、私が松高に入学した大正十一年ごろには、工藤友恵作詞、浜徳太郎作曲で発表されており、多くの学生に愛唱された。「春寂寥」とともに、数ある旧制高等学校寮歌のなかでも名曲とされている。私が入学したのは校舎が新築されて間もないころで、正門を入った左手の講堂のあたりにヒマラヤ杉の苗木が植えられていたほかは、樹木らしいものはほとんどなく、はなはだ殺風景だった。先年、信大医学部の原田憲一教授に案内され、五十年ぶりで訪れたが、大木となったヒマラヤ杉が鬱蒼と繁っていた。

その頃の松高のキャンパスには、緑が少なかったから、ちょっと離れた筑摩の森が私たちの憩いの場所であった。そのすぐ傍らの河原で昼休み、ツルゲーネフの小説を読みふけってつい

ありし日の松本高等学校（22文乙中村勇二画）

時を過ごし、午後の授業をサボったことなどを今でも思いだす。筑摩の森は私に小説の面白さを教えてくれた場所でもある。

松本は父のふるさとで、父の少年時代を過ごしたところであるけれども、そのことを知ったのはずっと後のことである。私が松本高校を受験したこととは別に関係がない。ただ漠然と両親の出身地である信州で勉強してみたいと思ったことと、登山好きでよく信州の山々を歩いた亡兄袈裟夫から、日本アルプスの話を聞いていたことなどが動機になったように思う。

お茶の水の、今は順天堂大学医学部の基礎の教室の建物がたっているあたりにあった京華中学校の四年を修了して、たまたま受験した松本高校理科甲類にパスした私は、生まれてはじめて親元をはなれて、ひとりで松本に暮らすことになった。十七歳の早春であった。

出発の朝、小石川の自宅から人力車で中央線の飯田町駅に行った時のことを今でも思いだす。

母が松本は寒いからといって、ネルの寝まきや、紺絣の綿入れの着物類を何日もかかって縫ってくれた。それらをつめた柳行李を抱えるようにして、はじめて私は人力車というものに乗った。松本では地蔵清水の下宿で三年間を過ごした。主人は南安曇村島内で農業を営む小沢吉治さんという人だった。娘さんの勉学のために借りた家に学生を下宿させていた。食事の世話は吉治さんの母親の親切な老婆がやってくれた。はじめのうちは私一人だったが、そのうちに何人か松高の学生が同宿するようになった。そのなかには、後に順天堂大学医学部教授になった中島紀行、信州大学医学部外科教授丸田公雄、後に長野市長になった松橋久左衛門らがいる。

地蔵清水の下宿のおばさんと

下宿の居心地はよかったし、それにこの界隈の風情がすっかり気に入ってしまい、思誠寮にも入らず、卒業まで私は吉治さんの二階の六畳にやっかいになった。下宿の玄関を出て前の小路を右に行くと松本城をめぐる堀ばたの通りにでる。堀は冬になると厚い氷がはるのでスケートを楽しむこと

教室の窓から見える北アルプス穂高連峰。左端に槍の頂きがのぞいている

ができた。編みあげの靴にスケートをねじでとめて滑った。その堀ばた通りを左に行き、左折すると大名町の通りと交叉する。右手が松本中学校の正門である。大名町から千歳橋を渡ると本町で、二階建ての商家が軒をならべていた。大名町にはたしか明倫堂という名前の土蔵づくりの書店があり、よくレクラム本を東京丸善から取り寄せてもらった。本町に洋風の喫茶店ができたのが珍しく、学校の帰りに立ち寄るのが楽しみであった。

私が下宿していた頃の地蔵清水の辺は、閑静な住宅街であったが、近くに小柳町、緑町、片端町などその頃の歓楽街があり、年長の友人のなかにはジンゲル（芸者を学生はそう呼んだ）と浮名を流す者もいた。それが、少年の私にはねたましかった。いまでも記憶しているのは小柳町に「活動写真」（映画）の小屋があり、よく友人と見にいった。まだ無声時代で弁士が活躍していた。私たちは二階の一番前の席に陣どって弁士をやじり、立ち往生させたこともあった。松本高校の三年間は、新しい友達を作り、新しい知識を吸収するのに忙しい充実した歳月であった。創立されて間もない新しい学校だったし、大渡忠太郎校長の教育方針の故もあって、自由闊達で清新な学風にみちていたように思う。

穂高縦走。二番目が筆者

私は工学部に進むつもりで理科甲類に入ったが、二年になって、医学を学ぶ気持ちが強くなり、東大医学部を受験する決心をした。それでドイツ語を修得するのに苦労した。理甲の第一外国語は英語で、第二外国語であるドイツ語の時間が少ない。理甲のドイツ語担任は独文を専門とする教授ではなく、哲学の豊田臻教授であったが、この先生には特別に面倒を見ていただいた。講義は難しかったが、よく自宅に招いて下さった哲学の鈴沢寿教授には人生について教えられるところが多かった。生物の宮地数千木教授の講義から私は生命の問題について啓発され、医学を志望するようになった。教授の実弟宮地甲子男が東大医学部の同級生、教授の子息宮地秀樹（東京都神田保健所長）が金沢大学医学部に入学し、私の講義をきいたのも奇縁である。良き師にめぐりあうことができて幸せであった。

松本にいた三年間、母のふるさと木曽をはじめ、信州のあちこちを随分歩いた。島々から徳本峠をこえて上高地、それから槍の肩の小屋まで一日でのぼったこともあった。

穂高連峰の縦走は二年の夏だった。秋になると、土曜日の夜、美ヶ原から王ヶ鼻、それから武石峠に出て、キャンプをはり、星空のもとで、はるか眼下に松本の町の明かりを眺めながら、たき火をかこんで寮歌を歌ったこともあった。

6　受験地獄ないよき時代

私は松本高等学校に在学していた大正のおわり頃、地蔵清水に下宿していた。しかし、この原稿を書くために買いもとめた地図で見ると、この町名はみあたらない。いま丸の内とよばれているところがその場所らしい。このあたりは東京の丸の内と違うが官庁街に変わっているようである。私がよく散歩した女子職業学校はなくなって、日銀のビルが建ち、時々、日曜礼拝に出席した松本教会はよそに移り、あとに市役所の東庁舎ができているという。松本高等学校もとっくに消滅して、いまはもう歴史のなかで追憶として語られるだけである。先年、信州大学の原田憲一教授に案内されて旧校舎を訪れたが、とても感傷にひたるような気分にはなれなかった。古きよきものが失われることへの腹だたしさがこみあげてきたからである。

町名が変更になったり、学校の制度や校舎を改築したり、移転したりするのにはそれなりの理由があるにちがいない。しかし、私たちのまわりではそれが、いたるところであまりにも伝統を無視したやり方で行われる傾向が強すぎるように思われる。それはヨーロッパの国々と比較すると非常にはっきりわかる。

ドイツの都市の大部分は第二次大戦で爆撃を受けて壊滅した。私が西ドイツのフライブルクに、文部省在外研究員として滞在したのは昭和三十年、三十一年で、戦争が終わって十年経っていたが、まだ街のあちこちに瓦礫の山が残っていた。しかし、この町のシンボルである十五世紀に建造されたゴシック様式の教会堂や城廓都市の名残である城門はもと通り復元されていた。フライブルクで私が下宿していたシュロスベルク街の家屋も、主婦が先年亡くなったが、昔のままである。昭和五十七年、久しぶりでこの町を歩いたが、街のたたずまいはもとより、町名などもほとんど昔通りで、三十年前の市街図がそっくりそのまま役に立った。パリやロンドンも同様である。

松本高等学校は、今のいわゆる新制高等学校とその名称は同じでも中身は全くちがう。昔の高等学校は大学の予科ともいうべきもので、今日の新制大学の一般教養部に大体該当するもの

クラス担任の横山教授と級友。後列中央が横山教授、左から二番目が筆者。（大正13年ごろ）

だった。中学を終えると、就職する者もあったが、多くは進学した。これに二つの道があった。一つは大学への道で、官立大学の多くは予科が無く、高等学校を経由して進学した。もう一つは専門学校への道で、工業、商業、農林などの専門の学校（高等工業、高等商業などとよばれた。上田には蚕糸専門学校があった）が設けられていた。若者たちは自分の意志で進学の目標をえらぶことができた。

　私は自分の高等学校時代をふり返って見て、いまの若い人たちに比べて幸せだったと思うことがいくつかある。その一つは学校の選択にいまよりはるかに自由があったことである。私の学んだ中学校は東京の私立学校のなかでは一高や有名校の合格率が高い名門の一つだったが、それだけに学科成績におもきをおいて席順をきめ、トップから五十位までで一学級を作ってエリート教育を行っていた。私は自分の好きな学科は勉強したが、暗記ものが不得手で平均点が悪く、エリート組に入れたことはなかったし、また入ろうとも思わなかった。幸いなことに、当時は学科の成績とは関係なく、高等学校の受験ができ、私は自分の意志で選んだ松本高等学校に四年修了で入学することができた。

もし、いまのような偏差値などという非人間的な基準が適用されたとしたら、私はさしずめ希望を失ったおちこぼれになっていただろう。少年の夢やアンビションをふみにじるような現在の大学入試制度は一日も早く改めてもらいたい。

昔の高等学校がよかったと思う第二の点は、文科系と理科系の区別はあったにしろ、大学や専攻学科の選択が自由であったということである。私は入学の時は工学部を志望していたので、英語を第一外国語とする理科甲類を選んだが、途中で志望を医学部に変更した。そのためにドイツ語の学習に苦労したが、それは当人の覚悟の問題である。私ばかりでなく、高等学校三年の間に、志望が変わって、文学部や法学部に進学した友も少なくない。それに、大学に入るのにはそれほどの受験準備の必要はなかったから、自分の好きな本を読み、自分の好きなスポーツに熱中することができた。高等学校三年は真の意味での自己発見の時期だったと思う。

先日、新聞で、信州大学経済学部が入学試験のやりかたに改革を加え、特徴のある学生が合格できるようにしたということを知り、嬉しく思った。松本高校の自由進取の伝統がこれからも受け継がれてほしいものである。

7　父の『松本小記』から

前にも紹介した『松本小記』は、父の残した回顧録の題名である。松本の沿革、歴史、明治十八年ごろの、市井の状況、庶民の暮らしなどが詳細にわたって記述されている。私はそれを読みながら、松本高等学校在学中にこの回顧録を知らなかったことを残念に思った。もし知っていれば、その時、確かめることができたことがたくさんあったはずだからである。父の多くの記述から、私が面白いと思ったことの一部をまず拾ってみることにする。

松本の地、南信第一の殷賑の地、その人口は二万五千、その戸数六千七百余、松本平形勝の地により城市をなす。往時国府のありし所、由来その名を伝ふる久しうして天文年間に至り、石川数正此処に城居し、後に小笠原氏移城し、遂に徳川氏の時に及び城守しばしば交代し、水野氏より戸田氏に至り廃藩置県の時、筑摩県治に属し、もって今日に及びたり。…明治九年筑摩県庁廃止となり、長野県治に合一するや、この地とみに衰頽を来したりと雖も、なお南信枢要の地を占む。ただ惜しむらくは四囲皆山岳にして運輸の便を欠き、交通の利を得ず。これをもって北信都邑に比し一籌を輸するの憾ありと雖も、すでに篠ノ井線の数年をいでずして完成の望あり。松本の将来有なりというべし。

まだ鉄道の便の無かった時代の話である。この頃の街の中心は女鳥羽川畔であったようである。

一川溶々、遠く稲倉山中の渓谷に発し、南流直下、市の東郊を繞り、清水の西に至り、折れて市の中央に入り、もって南北二巷にわかつ。女鳥羽川これなり。女鳥羽川岸、千歳橋畔、風趣と景勝をもって称すべきの所なり。千歳橋は石を畳みて穹底を水に印し、石欄右地往来を通す。これを南にしては本町の店舗隣接し、これを北にしては六九、大名、辰巳の諸町あり。六九町の入口には電信郵便局の洋風建築直立し、川を隔てて、開智小学校と相対す。また大名町の入口、その西に警察署、その東に神道分局あり。分局のさきは堤を崩して濠を填め、ここに天照大神、その他の三柱大神を祀り、境内桜樹を植え、また藤を栽培し、花時甚だ美観たり。その前面は一小濠水を隔てて女鳥羽の畷（なわて）に相対し、その岸に植ゆるに松樹をもってし、青翠滴るがごとく、風の夕、颯颯としてはるか清籟を聴くものはこの松の風に和するものなり。

私が松本に住んだ大正末期には、四柱神社の境内には池があり大きな藤棚があったたし、父の

大正末期の千歳橋界隈。左端が四柱神社の柳

文章で畷と書かれている縄手通りはまばらに露店が並んではいたが、松の並木や、堀はまだ残っていたように記憶している。しかし、いまはもう、千歳橋界隈には父の時代はもちろんのこと、私のいた頃を偲ぶものは何も残っていないだろう。

父はその少年時代を北深志の西町で過ごした。父の手記によると、そのあたりは藩政時代に下級武士の屋敷のあったところで、貧乏士族が多く住んでいた。

門破れ、軒傾く。問わずしてその蕭条《しょうじょう》の家たるを知る。松本北巷の辺隅往々この家あるを見る。多くは士族屋敷なり。安原と総称せる町々には士分の軽き輩居住したり。この安原と称せるは、その西にありては旗町、徒士町、西町、堂町、同心町等にして、その東にありては天白町、萩町、上町、下町等なり。いわゆる破門頽軒のあるところは多くこれ安原士族の巷なり。

父が少年時代寄寓した伯父河合憲吾の家もおそらくあばらやの一つだったのだろう。しかし、この安原の貧乏士族の子弟からは、明治の文明開化に貢献した優秀な人材が輩出した。シベリアの単騎横断（明治二十五〜二十六年）の壮挙を敢行して有名になった、後の陸軍大将福島安正もその一人である。父の叔父河原忠の娘、操子も西町で生まれ、苦学して東京お茶の水の女子高等師範学校を卒業したが、同郷の先輩福島安正に愛され、その推ばんによって、日露戦争の直前蒙古王女の家庭教師として招聘されて入蒙した。日本と蒙古の親善に力をつくした女丈夫であった。帰国後、銀行家一宮鈴太郎に嫁し、アメリカで活躍した。

父の『松本小記』には、藩政時代の教育機関「崇教館」の由来、清水町の念来寺、横田町（現在の女鳥羽）の長称寺などの由緒をたずねた文章が載っていて面白い。「梓の流」という文章には、父の少年の頃、梓川の上流、小倉官林で伐採された木材は川に流されて下り、梓村で陸あげして松本にはこばれ、安原の家々では薪にして使ったと書かれている。

8　上田橋界隈

私は上田に住んだことはない。松本高等学校在学中に二、三度訪れたことがあるだけである。しかし、この町は私の両親がまだ乳児だった長兄の不二三と三人で三年間ほど暮らしたことがあり、その間に父が書いた『上田雑記』と題する文集が残されていて、私にとって全く無縁の場所ではない。父の手記と、私の記憶をダブらせながら、もう知る人も少ない上田橋界隈の往時の風景を書くことにする。

いまでもはっきり記憶に残っているのはたしか松本高校二年の夏、城下村御所の養蚕家児玉家に滞在した時のことである。児玉家の当主忠雄氏は、父が明治二十八年四月から三十一年三月まで校長をしていた城下小学校の教え子の一人で、私たち一家が東京に移った後も親交のあった人である。忠雄氏は上田の蚕糸専門学校を出て、東京の特許局に勤務しており、令弟の直(すなお)さんが養蚕に従事していた。

御所はいまは上田市の一部となったが、千曲川左岸の小牧、諏訪形、中之条の三集落とともに城下村に属していた。父はこの村の小学校に招かれて赴任し、御所に居を定めた。わずか三年ほどの勤務であったが、村の人たちや父兄の人情のこまやかなのに感激した様子が父の手記に書かれている。私も父のおかげで快適な数日を児玉家で過ごすことができた。

私が城下村を訪れた大正十二年当時は、信州はわが国でも有数の養蚕地であり、なかんずく小県は良質の繭と蚕糸の生産で知られていた。私が滞在した児玉家は、みわたす限りひろがっている桑畑のなかに点在するこの地方特有の白壁の農家の一つで、母屋とは別に、養蚕専用の大きな二階屋が作られていた。そのなかの光景は、はじめて見る私にはまことに壮観であり、奇観であった。立ち並ぶ蚕棚に置かれた長方形の箱には桑の葉がいっぱいもられて、まっ白い、きれいな蚕の幼虫たちがせっせとそれを食べていた。小さい窓の障子がしめきってあるので、なかはうす暗い上にむし暑く、異様なにおいが鼻をついた。早朝から深夜まで、家の人たちは大ぜいの雇人と忙しく立ち働いていた。私もぼんやりしているわけにいかず、桑の葉を蚕室にはこぶ手伝いをした。

養蚕が盛んだった頃の城下村の農家
（明治11年建築、後に諏訪形小学校に転用、「城下小史」から）

私は夕食がすむと、児玉家にほど近い千曲川の河原によく夕涼みにでかけた。上田橋が右手に見え、対岸は上田の市街である。日が暮れると街の灯が美しかった。いまでも印象に残っているのは河原一面に咲きみだれた月見草と、堤防のすすきの間を飛びかうゲンジ蛍の小さな光の点滅である。あの時のように見事な月見草や蛍の風情にその後私は接したことがない。

父の手記を読むと、私がはじめて経験したこの地方の養蚕のことが詳しく書かれており、明治時代の様子がわかって面白い。その一部を引用してみよう。

小県は信州の養蚕地にして、城下、塩尻はその最も盛大なるところなり。今、千曲川河岸に立ち、展望せんか。眼界の及ぶところこれ桑園ならざるはなし。特に千曲川左岸の城下村は養蚕家の推賞する歩桑の栽培に最適の地なり、歩桑の称は養蚕家の通語にして、これをもって飼養せし蚕の蛾となりて出ずることの他の桑をもってするものに比して、その数甚だ多きを意味せるの語なり。いま明治二十八年現在、城下村の桑園の面積は実に百二十二町七反歩に達し、一反歩の桑葉の収量は平均二百十六貫目余なり。また村内養蚕家は、春蚕百三十戸、夏蚕四十戸、秋蚕十戸計百八十戸なり。また盛んなりというべし。

父が住んだ明治の頃、上田には養蚕および関連の事業が必要とする季節労働者が大勢集まったらしい。父の『上田雑記』には労務者の手配をする「けいあん」について次のようなことが書かれている。

上田の周囲はすべて養蚕地なり。毎年養蚕の季節に至れば、街は俄かにその面目を改め、繁忙をきわむるに至り、多数の雇人、奉公人を必要としたり。これら雇人、奉公人の周旋を業とする「慶安（けいあん）」は都会はいざ知らず、この地ほどその数多きは他にその類を見ざるところなり。

上田に集まる出稼ぎ労働者の出身地は越後、越中が最も多く三河、遠江、遠くは加賀、能登に及んだ。明治二十一年には、直江津、軽井沢間が開通したために遠国からの来往が可能になったからだろう。父の手記によると彼らの総数は一万を超えていたという。そして私は、父の手記を読みながら、岡谷などの製糸工場で女工たちの苦しい生活を描いた松本市出身の作家山本茂実さんの『ああ野麦峠』を思いださないわけにはいかなかった。

上田橋界隈の風景、千曲川の河原の月見草や蛍も、さらに一面に広がっていた桑園も、父や私の見たそれとは現在では全く一変してしまったに違いない。この変貌する風景は明治、大正のわが国経済を支えた製糸産業の没落の象徴のように思われる。

9　小諸からの浅間の山容

松本高校時代、日本アルプスの山々や、乗鞍、御嶽には登ったが、浅間山にはついに登る機会がなかった。信州を離れてから登山らしい登山はしたことがない。すっかり無精になり、山は遠くにあって眺めるものだと思っているからである。

私は信州側からしか浅間を遠望していないが、軽井沢から上田の間、信越線の車窓から見る雄大な浅間の姿はすばらしい。私の父は明治二十八年ごろ、上田在住中に書いた「千曲十五勝」

という紀行文をのこしているが、その中に浅間山をしるした次のような文章がある。

浅間の煙はこれを小県より見るを得べきなり。すなわち、烏帽子岳の東南ようやく傾けるところの山隅より眺むるを得。ことに上田橋畔よりの眺望最も佳趣なりとす。この山のはじめて噴火せしはいずれの時代なるか詳かならざれども、天武天皇白鳳十三年の噴火以後、しばしば大噴火あり。天明三年七月の噴火は最も強烈を極めたり。この時、夥しく灰砂熱泥を流出し、上野の三十余村を漂没し、死せる者三万五千余人に及びたり。

いまそれ、山頂より眺望せんか、北は上州北部の山岳を眺めて白根の噴煙に対し、東は榛名・赤城の連山をへだててはるかに関東平野を望み、南は蜿蜒《えんえん》たる群山の間に富岳の聳立せるを仰ぎ、西は信飛の雄抜なる山岳を見て壮快また譬ふべきなし。しかれども、この山の勝致ひとり登山眺望の壮観のみにあらず。千曲川畔の望煙ことに賞すべきものあり。

父は上田からの浅間の遠望を推賞しているが、その風景は私の記憶にはない。私にとって忘れがたいのは小諸から見た浅間山である。昭和十六年十月、私は東京大学精神医学教室の疫学調査団に参加して二週間ほどこの町に滞在した。公衆衛生学の分野では疫学は、住民の健康をまもるためになくてはならない重要な研究領域である。ガンや高血圧、脳卒中の疫学的研究はすでに行われていたが、精神疾患の疫学研究はようやくはじまったばかりであった。

私が講師として勤務していた東大精神医学教室では、わが国で最初の調査を昭和十五年二月、伊豆七島の一つ八丈島で行い、つづいて三宅島、東京都池袋の各地で同様の調査を実施していた。この調査で大切なことは住民の人たちの協力を得ることである。調査地域のすべての家庭を戸別訪問して、アンケート用紙に家族の人の話をききながら記入するのだから、調査の主旨が理解されていなければ拒否される心配が十分にある。私たちは調査にさきだって、町当局、町会、青年団の世話役の方々に疫学研究の大切な理由を説明して、住民の方々に主旨の徹底をはかるように依頼した。幸い私たちの計画は関係方面の理解を得ることができ、調査は順調にはこび、貴重なデータを集めることができた。

小諸懐古園

私たちの調査団はたしか北国街道に沿う旅篭に泊まったが、部屋の窓からの朝夕の浅間の山容が見事だった

国立小諸療養所（片桐所長寄贈）

ことが忘れられない。調査の道案内をしてくれた小諸高等女学校のお嬢さんたちに、ぜひ行っていらっしゃい、とすすめられて、調査のあい間に、はじめて懐古園を訪れたのもその時のことである。

いまは観光に訪れる人たちが多く、園内の手いれも行きとどいているだろうが、その頃は入り口の門は傾き、石垣もくずれたままになっていて、訪れる人もなく、荒城のあわれを誘った。藤村が「小諸なる古城のほとり、雲白く遊子悲しむ…」と歌った当時を偲ばせる情景であった。

その後私が小諸を訪れたのは随分あとのことである。小諸の街をはずれて浅間登山道をしばらく登ると眺望のすばらしい段丘がひろがる。このあたりに、国立小諸療養所がたっている。ここははじめ結核療養所であったが、昭和三十五年以後精神療養所として運営されている。

わが国では数少ない国立精神療養所の一つである。精神療養所として活動をはじめた当初、東大教授であった私は当時の畑邦吉所長の招きで二、三回この療養所を訪れた記憶がある。現在この療養所は片桐隆所長の指導により、心の病気の人たちの憩いの場所としてよく整備され、この地方の精神科医療の発展に大きく貢献している。昔私たちが小諸の街で疫学調査を行った時に遭遇したような、治療の機会に恵まれない不幸な病人を見ることはもうないだろう。

10　少年時代、茗渓会の日々

私が少年時代をすごしたのは東京小石川大塚窪町である。この町名もいまはなくなって、大塚三丁目とよばれている。明治四十一年、父が信濃教育会を辞して、東京高等師範学校の構内にあった茗渓会の事務局に移り、その舎宅に住むことになったからである。

このあたりの変貌はすさまじいばかりで、当時を物語るのは茗荷谷という地下鉄の駅名ぐらいのものである。この駅で地下鉄をおりると春日通りに出る。マンションの立ち並ぶこの春日通りを横断して、むかいの道を入ると東京高等師範学校（後に東京教育大学）があったところである。

ここから道は下り坂になる。湯立坂といい、その両側は崖になっている。茗渓会の明治調の

茗渓会と舎宅（左端の小さい平屋）。背景が百尺山。
父の描いたスケッチ。

二階建て洋館は左側の崖の上にあった。その背後は小高い丘で武蔵野に多い椎、欅、樫、櫟が鬱蒼《うっそう》と生い茂っていた。学生たちが百尺山とよんでいたこの小山は私たち悪童の最上の遊び場であった。椎の実やどんぐりをいっぱい拾った。

私たちが住んだのは、茗渓会の建物に隣接した小さな粗末な平屋の舎宅であった。しかし、茗渓会の広い構内や、すぐ裏手につづく小山や池のある変化に富んだ高等師範の構内に私たちは自由に出入りできたから、自宅の狭いことなど全く苦にならなかった。このような恵まれた環境を私たち兄弟に与えてくれた父は、「上京記」という文章で次のように書いている。

長野より東上のことを決意せし一つの理由は茗渓会が幽邃《ゆうすい》の地にあることなり。高等師範学校なる最高学府の一隅を占め、しかも狭隘、繁雑なる市巷を離れ、閑寂にして広潤、都会の生活としてはこの上もなき好適地なるを悦びたり。ことにあたりは樹木生い茂りて景致を添え、吾が子らの教育に得がたきところなるを感得し、大いにわが意を強うせるものなり。

父が私たち兄弟の教育を第一に念頭において、栄達の見こみなど全く無い、下積みの仕事をえらんだことをこの短い文章がもの語っている。

私が小学校に入学したのは明治四十五年春（この年七月、明治天皇逝去、大正と改元）である。いまでも記憶に残っているのは市電が富坂上の伝通院前までしか開通しておらず、銀座、浅草、神田などの下町に出るためには大塚の自宅から伝通院前まで歩くか、人力車に乗らなければならなかったことである。

父は休みの日など、母と私たち兄弟をつれてよく東京の下町のあちこちを歩いたものである。伝通院前から市電で厩橋にでて、隅田川を川蒸気でのぼり、吾妻橋でおりると浅草があり、その対岸の両国から向島、葛飾にかけて父が好んで訪れた回向院、深川不動尊、亀戸天神、萩寺、「男はつらいよ」のふうてんの寅さんで有名になった柴又帝釈天、掘切菖蒲園など江戸時代の風情を残した旧蹟がたくさん残っていた。信州とは趣きを異にするこれらの風物に、父は感興

茗渓会の前庭で。左から筆者、兄不二三、弟寿恵夫（大正6年）

を覚えずにはいかなかったのだろう。父はそのころ随鷗吟社という漢詩人のグループに属して詩作に熱中しており、その詩藻を得るのが父のいう散策のおもな目的であったのかも知れない。しかし、私たちはそのおかげで見聞をひろめることができた。

　いまでも忘れられないのは、散策の帰途、立ち寄った料理屋のことである。吾妻橋のたもとにあった鰻のいづくま、仲見世の天ぷらの大黒屋、銀座四丁目の天ぷらの天金、本郷真砂町のすきやきの江知勝などあげればきりがない。伝通院前から大塚まで、市電を降りてからの道が遠かったこと、幼い弟が駄々をこね、父がぶつぶつ言いながら背負ったことなどなつかしい思い出である。

私たち兄弟がこのような一風変わった環境で少年時代を送ったことのなかで、いまでもありがたかったと感謝しているのは、読書の面白さを知ったことと、多くの優れた教育家にめぐりあったことである。

東京高等師範学校は明治五年明治政府がはじめて制定したわが国の新しい教育制度に基づいて創立された、中等学校教員養成のための教育機関である。茗渓会はこの学校の出身者の組織だが、単なる親睦のための同窓会ではなく、わが国の学校教育を振興するのに役立つ研究や啓蒙を活発に行うきわめて行動的な団体であった。「教育」という月刊雑誌が父の編集で発行され、会館の会議室では夜おそくまで、さまざまな会議が行われ、小学生の私と弟はその会場の準備をする父たちの手伝いをさせられた。

この会の事業の一つに優良図書の推薦があり、新刊書がたくさん寄せられた。委員会がすむと図書室に保管されるが、私と弟は放課後、そこにもぐりこんで、面白そうな本をむさぼり読んだことを思いだす。

信州出身の教育学者樋口長市、田中・ビネー知能検査でよく知られている心理学者田中寛一、地理学者内田寛一、英文学者で随筆家の福原麟太郎など当時壮年の学者が茗渓会の常連で、中学生になった私はひと知れず畏敬の念を抱いたものである。

高等師範学校はその後数奇の運命をたどり、戦後は文理科大学、教育大学と変身し、さらに筑波移転を契機にして新構想の筑波大学となるに及んでもはや建学の伝統は完全に消滅した。パリのエコール・ノルマル（パリ高等師範学校）がその名前と伝統をまもりながら、新しい時代に対応する教育機関として発展していることを想起せずにはいられない。私の知識の揺藍であった大塚窪町の崖の上の茗渓会もまたいまは私の記憶のなかに残るだけである。

11 占春園の池の畔で

先日、岡本幾久子さんから、夫君勁一君の追悼録を編むから私にも何か書けという電話をいただいた。大学時代や、その後のことは他に沢山の寄稿があると思うので、私は少年時代の思い出を綴ることにする。

勁一君と私は小石川大塚窪町の東京高等師範学校（筑波大学の前身）の構内に二人の家があったので、家族ぐるみの付き合いがあった。勁一君の父君は東京高等師範学校の教授で、学生寮の舎監を勤めていたので、構内の官舎に住んでいたし、私の父親は東京高等師範学校の同窓組織である茗渓会に勤め、その舎宅が私たちの住みかだった。たしか私が中学一年の時に、勁一君一家が上京してきたように思う。勁一君は当時の府立四中に入ったし、私はお茶の水の京華

私たちの遊び場だった東京高師構内（私の中学1年のときの水彩画）

中学に通っていたので、学校は違っていたが、休みの日などは東京高等師範学校の広い構内を、まるで自分たちの庭のように、遊びまわったものである。

近所の遊び仲間は、勁一君と妹の弥生さんたち、同じく東京高師の教授で付属小学校の主事を勤め、もう一軒の官舎に住んでいた樋口長市さんの子供たち、それに、茗渓会の前の、氷川下に通ずる坂道に面した大きな屋敷に住んでいた東大理学部教授山崎直方さんの子供たちで、小学校の二、三年から、中学校一、二年の腕白ども七、八人であった。私の兄弟は四人だったが、すぐ上の兄は金沢の旧制四高在学中結核を病み、亡くなり、長兄は私とはだいぶ歳が離れ、東大工学部の学生だったので、この遊び仲間に加わったのは私と小学生だった弟の寿恵夫だった。男兄弟ばかりだったので、私も弟も遊び仲間のなかに、女の子がいるのが楽しかった。岡本弥生さん、山崎君子さんの少女時代の面影はいまでも私の脳裏に焼き付いている。勁一君は私より一年上級で、樋口長雄君とともにこの仲間の最年長者だったが、私のような向こう見ずとちがって、温厚でみんなから一目置かれていたようだった。

いまはすっかり荒れ果てて見る影も無くなってしまったが、その頃は茗渓会の明治調の典雅な二階建洋館の背後に椎の大木が欝蒼と茂った小山があり、百尺山と呼ばれていた。百尺山の裾の道を左に登ると、左手に植物園、右手に二階建ての木造校舎が並んでおり、道を右に下ると、まんなかに四阿のある小島を抱いた瓢箪池がある。池を巡って散歩道があり、このあたり一帯が占春園と呼ばれる庭園となっていた。百尺山での椎の実拾い、雪の日の橇すべり、占春園の池のまわりのランニング、その他もうすっかり忘れてしまった色々な遊びが自由にできたのは、勁一君たち良い仲間に恵まれたおかげである。

中学三年ごろから、高等学校の受験準備に忙しくなり、みんなと遊ぶ機会が少なくなった。勁一君とは、占春園の池の畔で受験の話や、将来のことをよく語り合ったものである。彼は一高、私は信州の松本高等学校を受け、合格した。そして、やがて、ともに医学の道を歩むことになったのである。

勁一君の妹の弥生さんは後に、宮崎与清検事に嫁ぎ、金沢で暮らすようになり、私は金沢大学に赴任したので、親しくお付き合いをするようになった。その頃よく、昔の仲間たちで、占春園の畔を訪ねたいと話し合ったが、その機会がないうちに、勁一君と幽明境をことにしてしまった。しかし、占春園のいまの荒れ果てた姿を思うと、勁一君たちと遊んだ少年の頃の思い出を、生きているものの記憶のなかに大切にしておくほうが幸せであるかもしれないと思っている。

12　兄の死

私が医学を学ぼうと決心したのは高等学校に入ったあとのことだが、少年の頃はじめて遭遇した兄の病気と死がその下地を作ったこともたしかなように思われる。

私のすぐ上の兄、袈裟夫は私が中学二年の秋、二十一歳の若さで病死した。私は私と弟の面倒をよく見てくれたこの兄の面影を、六十年以上たついまもはっきり思いおこすことができる。

兄の病気と死については、父の「追憶記」に詳細に書かれている。この記録は吾が子の死を悼む父親の嘆きであるとともに、あの結核医療の貧しかった頃の状況を伝えている点で、一つの医学史的ドキュメントだと思う。

兄袈裟夫。戸山原で

袈裟夫はわが次男として明治三十二年三月三十一日出生。生まれし時臍緒を肩に巻きておりしにより、僧侶の袈裟に擬してかく名づけしなり。彼の生まれしは長野にして師範学校前のささやかなる信濃教育会の住宅なり。幼き日、附属小学校の正門によりては兄の出ずるを待ちおりしこと、いつしか巷の評判となりわが耳に入りしこともありたり。

父の追憶記によると、兄は明治四十一年東京移住後、心身ともに健康に育ち、東京高師附属小学校、同附属中学校を終えて大正七年春、金沢の第四高等学校に入学する。金沢では兼六園の近くにあった長野県出身学生の寄宿寮信濃倶楽部に居住し、山岳部に所属して活躍した。ところが翌年二月冬期軍事演習の時の感冒がもとで発熱がつづくようになり、校医の診察で「肺尖カタル」と診断され、休学、静養を勧告された。

大正八年三月、兄不二三に伴われて金沢より帰宅。発熱やまず、憔悴著しきものあり。お茶の水なる杏雲堂病院長の来診を求めしに、結果は肺尖どころにはあらずして、すでに内臓全体がおかされ、手のほどこしようなし、とのことなり。入院治療を懇願せしも、目下満床にて希望に応じ難しと拒絶せられたり。はたして真に満床なりしや否や知るに由なし。

当時有名な結核治療の大家から絶望を宣告された父の悲しみが、この短い文章の行間にあふれているように思われる。溺れる者は藁をもつかむ、の心境だったのだろうか、独特の食餌療法で結核をなおすということで有名になった下谷の某病院に父は兄の治療を委ねた。院長の結核治療の方針は父の手記によると、「この病気は一朝一夕にして治癒せざるもの故、ただ気ながにして時機の到来を待つべし。時機到来せば自然治癒すべし」というものだった。もっとも、これはこの院長だけではなく、その頃の医師は転地療養などにより自然治癒を期待するほかに結核に立ちむかうすべを知らなかった。当時、結核は亡国病といわれ、多くの前途有為の若者がこの病気で倒れていった。樋口一葉、滝廉太郎、石川啄木もその犠牲者であった。

兄の病気は父母や兄弟の期待と願いに反して急激に悪化した。茗渓会の舎宅の一室に病臥して数ヵ月のうちに腹部が膨満してひどく苦しむようになった。私はのちに医学部学生の時、内科学の講義をきき、兄の結核が劇甚の経過をとり、汎腹膜炎を併発し、腹水を生じたものであることを理解した。大正八年九月二十七日、兄は亡くなった。父は臨終の模様を次のように記している。

落命は午前十一時二十三分なりしが、この日、朝来意識すでにさだかならず、ひとの顔もみわけつかざるが如き状態なりしが、しきりに天使の迎ひ来りたり、かしこのなげしのところに降りて来られ、招いておられる、と言う。そのうち、もう眼が見えないよ、お母さん、ここに来ておくれと言い、母の手を握り、最後の訣別を告げたり。この時の悲哀、忘れんとするも忘るる能わず。死はもとより生あるものの常にして、生あれば必ず死あり。然れどもかかる悲哀のうちにわが子の死を見るは、人として堪ゆべからざる感慨にうたれざるを得ざるなり。

父の手記を読むと兄の死は終世忘れることのできない悔恨となって残ったようである。それはわが子の病苦を救う力のない医術に対する怒りでもあったにちがいない。結核が抗結核薬の進歩によってもはや不治の病気では無くなった現在、兄の死は一編の昔物語にすぎないかも知れない。しかし、私には医のあり方について大切な教訓が含まれているように思われる。それは兄を最期まで看とった長坂さんという付添看護婦のことである。父は死にゆく兄を救うことのできなかった医師には絶望したが、長坂さんの献身的な看護には感動したとみえてその手記で感謝の言葉をくりかえし書いている。兄が亡くなったあと、長坂さんが兄の遺体にかけてくれた香水のほのかなかおりを私はいまでも忘れない。

私は医師となり、多くのすぐれた看護婦を知ることができたが、少年の日にはじめてあった兄の付添看護婦長坂さんは、いってみれば私の看護婦像の原点であり、医が看護に学ばねばならないことを私に教えた師であると思う。

13　懐かし、神田川の舟遊び

私が学んだ中学校はお茶の水にあった。昭和二十年の空襲で全焼し、いまは別のところに移転している。小石川の自宅からの往復は市電だったが、近所に住んでいる友人と道草をしたから、歩いて帰ることが多かった。私立学校だから経営を優先させたのだろうか、同じ校舎を中学と商業で共同で使用した。中学は午後一時限までで、あとはすぐ商業と交代した。

午後の授業が終わるころになると、商業の生徒が教室の前の廊下に集まってくる。猫の額のような狭い運動場で、器械体操ぐらいが関の山である。運動といえば正課に剣道があっただけである。野球やテニスはやる場所がなかった。学校は遊ぶ場所ではなく、文字通り学ぶところだった。しかし、遊ばなかったわけではない。

生徒たちは皆仲間を作り、学校以外のところで好きな遊びをした。野球をやりたい連中はその頃東京の町なかのいたるところにあった原っぱで草野球をやった。彼らのなかから結構高等学校や大学で鳴らした選手がでている。いまのように、体育館あり、プールあり、野球のグラウンドにもこと欠かないといった設備のととのった学校に比べると、京華は貧弱そのものだったが、何もないことが、自分たちで工夫して必要なものを作りだそうという気概を育てるのにかえって役だったと思う。

私がいまでも思いだすのは、学校が終わると、お茶の水橋の下にあった舟宿にでかけて、艪舟を借り神田川を下り、隅田川から品川のお台場のあたりまで遠征を試みたことである。その頃、橋の下の崖にそって数軒の舟宿があり、釣り人のための舟を出していた。神田界隈にたくさんあった私立大学や、専門学校の学生がこの舟宿の常連だったが、私たち中学生も肩身は狭かったが彼らの仲間入りをした。

神田川は井の頭と淀橋を結ぶ神田上水に接続して江戸川、大曲、飯田橋をへてお茶の水に下り、さらに、万世橋、浅草橋を経て東京を西北から東南に流れて柳橋から大川に入る江戸時代の情緒を残す掘割である。この掘割は、お茶の水のあたりで本郷湯島台と神田駿河台をわかつ谷間となって茗渓と呼ばれている。お茶の水という地名は、この谷に湧く水が茶の湯に適しており、この水を愛用した徳川家康の命名だという。私が中学生の頃は荷物をはこぶ舟が飯田橋

大正初期の御茶ノ水橋と神田川

付近までのぼり、岸には糸を垂れる釣り人の姿があり、流れる水は清冽とまではいかないにしても、夏の日にはその少し上流の江戸川公園ではこの川で水泳ができたから、それほど汚染されていなかった。

神田川の舟旅は私たちには大航海であった。お台場までの往復は四時間はかかったろう。三人乗りの舟だからひとりで一時間以上は艪を漕がねばならない。手にまめができ、両腕が棒のようになる。帰りには日が暮れてしまい、柳橋のあたりの明るい灯をたよりに神田川の入り口をさがしたこともあった。

私が中学生の頃厄介になった舟宿はもうない。それがいつ頃消えたのか私は知らないが、獅子文六の小説『自由学校』の舞台となったお茶の水のルンペン部落はこの舟宿のあったあたりにちがいない。だとすると、昭和二十年の大空襲以前にすでに舟宿は無くなっていたのだろう。

幸いなことにお茶の水橋のあたりの風景は、私が中学生の頃の面影をまだ多少は残している。舟宿は無くなってしまったけれども、そこには昔のように川が流れているし、ＪＲの駅のプラットフォームから、いまは手入れが行きとどき灌木が茂り、季節になるとつつじやさつきなどの花が咲く、対岸の崖を見ていると、昔そこにあった舟宿と少年の頃の自分を思いおこすことができる。

私の中学には図書室というものがなかった。しかし、近くに湯島聖堂の図書館や、上野図書館があり、よく友人と足をはこんだから、別にそんなことは苦にならなかった。何よりありがたかったことは、自宅が小石川の茗渓会の構内にあり、そのなかの図書室で新刊がいくらでも読めたことである。いまでも忘れられない書物がたくさんあるが、その一つは島田清次郎の『地上』である。

たしか、大正八年に新潮社から出版された『地上』第一部「地に潜む者」は作者が二十歳の時に書いたもので、天才作家の出現だといわれてたちまちベストセラーになった。私がそれを茗渓会の図書室で読んだのは、兄袈裟夫が亡くなったこともあって、人生について少年らしい悩みをもちはじめた中学三年生の頃だった。大河平一郎という主人公の少年の、逆境と戦いみにくい大人たちの策謀をうちくだく、積極的な生き方と、そこに描かれているヒロイン和歌子たち青春の人物像に魅了されて、何度も読みかえしたことを覚えている。

中学生の私を感激させた島田清次郎がその後、精神病となり、東京庚申塚にあった保養院で、三十一歳の短い生涯をおえたのは、私が精神科医となった翌年、昭和五年のことである。

14　東大医学部で

私が松本高等学校をおえて、東京大学医学部に入学したのは大正十四年、いまから五十八年前のことである。その時、一緒に赤門をくぐった同級の友の半数以上が故人となったし、私たちが講義をきいた基礎医学の教室も、龍岡門を入るとすぐ左手にあった二階建ての外来診察棟や、上野よりの東大構内では一番はずれのところにならんでいた木造洋館の付属病院病棟もすべて建てかえられ、昔を偲ぶものはほとんど残っていない。人も物も時の流れのなかでいずれは消えていく運命にあるのかもしれないが、せめて残せるものは残してもらいたいものである。

私は学生時代を赤門で過ごしただけでなく、その後、昭和十二年から三年ちかく、精神医学教室の外来医長、講師として勤務し、さらにまた戦後昭和三十三年から四十一年まで教授として八年間をここでおくった。それぞれの時期に、さまざまなできごとがあり、私の心に多彩な人間模様が描かれた。それらは現在の私の存在に否定すべくもない深刻な影響を与えている。そして、赤門とのかかわりの三つの時期はどれも私にとって大切な意味をもっているが、最初の出会いである昭和初期の四年間の学生時代は、私に精神科医として生きることを決意させたという意味で、私にはかけがえのない、そして忘却することのない大切な一時期である。東大構内、ことに医学部のあたりは、私が学生であった昭和初期の頃と様相がすっかり変わってしまった。私にいわせれば、東大医学部は単調な画一の角形ビルがたち並ぶ、黄色い巨塔に変質してしまった。変わらないのは三四郎池ぐらいである。そしていま私の目に浮かんでくるのは、昔の三四郎池とそこから見える安田講堂と角帽をかぶった私自身である。

　三四郎が凝として池の面を見つめていると、大きな木が幾本となく水の底に映って、そのまた底に青い空が見える。

　これは漱石の小説『三四郎』にでてくる池の描写である。私は高等学校の時にこの文章を読んで、池のことを知っていたが、大学に入って初めて学生が、この池を三四郎池とよんでいることに気がついたのである。

　この池には心字池というれっきとした名があり、寛永年間に築造された加賀前田藩主江戸屋敷の庭である育徳園の一部だった。そういう故事来歴とは関係なく東大に学んだ学生たちは、三四郎池とよんで、なれ親しんできた。私もまたその一人である。いまでも私はあそこを歩い

東大構内三四郎池

てみたいと思うことがよくある。本当のことをいうと、三四郎がこの池のほとりで一人の女性を知ったように、私が一人のやがて訣別することになった少女と出会ったのもこの池のあたりであった。

私が在学した当時、東大医学部の教授にはいま考えても、単に学問だけでなく、人間として尊敬できる視野の広い、スケールの大きい人物が少なくなかった。後に東大総長になった病理学の長与又郎、近衛内閣の文部大臣となり、昭和二十年、終戦のあと自決した生理学の橋田邦彦、エスペランティストとしても活躍した解剖学の西成甫の諸先生から私たち学生は専門の医学よりもむしろ、人生について多くのことを教えられた。その頃、橋田教授や西教授のまわりに学生が集まって自然発生的な、セミナーが作られ、私も参加したが、そこでは専門のことよりも、人生談義のほうが活発であった。それが私たちの人間的成長に大いに役立ったと思う。
私が精神医学に興味をひかれるようになったのは、三宅鑛一教授の臨床講義で精神病というけったいな病気の存在を知ってからである。しかし、何故狂気になるのか、皆目わからないし、特別な治療もないと聞いては、精神医学を自分の一生の仕事にしようという気持ちにはなれなかった。
東大医学部三年の頃、たまたま神田の古本屋で買い求めた、長崎医専（現在の長崎大学医学部）石田昇教授の『新撰精神病学』（初版明治三十九年）という本を読み、精神病こそこれからの医学が挑戦しなければならない、最大の人類的課題だと確信したのである。私にそのような信念のようなものを抱かせたのは序文に書かれた次の文章であった。

精神病は、社会のすべての階級を通じて発現するところの深刻なる事実なり。いかなる天才、人傑といへども一度、本病の蹂躙《じゅうりん》に遭はば、性格の光暗雲の底に埋れ、昏々として迷妄なる一肉塊となり了らざるものまれならむ。狂して存せんよりはむしろ死するの勝されるを思う者ある、まことに憐れむべきなり。

私はこの文章を読んで、臨床講義で供覧される狂気の人たちをただ好奇心だけから眺めていた自分を恥ずかしいと思った。その頃、東大精神科は松沢病院からようやく独立したが、他の科のようなちゃんとした病室がなく、龍岡門を入って左手の外来診察所のわきにあったバラック建てのみすぼらしい小屋を使っていた。患者だけでなく、精神医学もまたこの時代の東大では虐待されていたと思う。それは今でも変わりがない。

15　伊豆大島藤倉学園との出会い

私が北大の精神医学教室に人局したのは昭和四年（一九二九）である。東京の大学を出た私がどうしてはるばる札幌のような、その頃としては「辺境の地」に行く気になったのか、という質問をよくうけたものである。私自身にも他人を納得させうるような合理的理由があったわけではない。人間の行動を方向づけるのは自分でも自覚しない無意識の心の動きである。私の場合、直接にはその当時の東大精神医学教室のみすぼらしい状況に対する不満、間接には関東大震災（大正十二年）のつめあとがまだ生々しかった東京の町に対する違和感など、いってみれば、これらの何か索漠とした状況から逃れたい気持ちが私を見知らぬ新天地にかりたてたのだと思う。

しかし、この漠然とした無意識的動機を具体的にしたのは、昭和三年春の日本神経学会総会でドイツ留学から帰朝そうそうの新進精神医学者内村祐之の講演を聞いたことであった。私はまだ学生で、講演の内容については細かいことはわからなかったが、その当時、全く不明であったてんかんの病因を脳の病理学的研究から解明したこの講演は、私にとって驚異であった。私は内村という人が新設されたばかりの北大精神医学教室の教授であるときき、この学者のもとで精神医学を学びたいと思うようになった。

私が札幌行きを決心したのはその年の暮れのことだが、それには次のようなエピソードがある。

大正十五年三月末、学年末の試験をすませて、のんびりしようと、早春の天城街道を歩くことにした。ちょうど出版されたばかりの、川端康成の『伊豆の踊り子』を読んでその旅を思いついたのだった。途中、湯ケ島温泉の渓流の美しさに魅せられて、予定をのばして二、三泊したように思う。

三島をでて三日目に下田に着いた私は、港に行ってみると、大島行きの船が出航する直前だった。はじめの予定では、伊東を経て帰京するつもりだったが、急に大島に行ってみたくなり、その船にのりこんだ。元村の港はまだ船着場などできていなかったから、小さい艀《はしけ》で人も物もはこばれた。夕陽をうけて砂浜も海も美しかった。部屋の窓から三原山の噴煙を遠望できる宿で一泊した。その翌日、私は三原山に登るかわりに、藤倉学園を訪れ、そこに一週間近く滞在して、とうとう三原山には登らずに帰京することになったのだが、どうして私が予想もしていなかった藤倉学園を訪れることになったのか、記憶をたどってみるのだが判然としない。いずれにしても、全く偶然に、誰の紹介もなく、何の予備知識もない藤倉学園を訪れ、川田貞治郎を知ることになったのである。

あとでわかったが、川田貞治郎はわが国の精神薄弱児教育の優れた開拓者の一人で、大島藤倉学園は当時設備や教育内容において先端を行く施設だった。それは、建物、設備、経営がある有力な事業家の篤志によって、財政的に保障されており、アメリカの精神薄弱児教育を勉強してきた、川田先生の教育方針を思う存分発揮できるようにしていたからである。

医学を学びはじめて間もない一学生の私はそんなことを知るはずもなく、ただ、いまでいう重度精神薄弱児の生活に驚嘆し、彼らに温かいまなざしで気を配り、彼らと生活をともにする川田貞次郎という人物に深い畏敬の念を覚えただけであった。藤倉学園で、いって見れば川田家の食客のようにして過ごした一週間が、私の目を精神の世界にむかって開かせる大きな機縁になったことは確かである。大学をおえて、北海道におもむくまでの三年間、何度大島を訪れただろうか。その度に川田先生には何でも話し、相談にのっていただいた。

私の北海道行きについても、まず先生に相談した。先生は即座に「内村さんのとこなら、勉強できる。ぜひ行きなさい」と大賛成であった。そして、私が札幌に行ってみたい、というと、それなら東大助教授の杉田さんの紹介状をもって行くとよいだろう、と手紙を書いてくれた。杉田さんはその頃松沢病院の副院長で、東大の学生とは接触がなかったので、私も面識がなかった。川田先生の手紙をもって本郷の杉田助教授の自宅を訪ねたのは、夏休み休暇を大島で過して帰京して間もない九月の初旬であった。

『誰か狂へる』という本の著者としてジャーナリズムのほうでも有名だった杉田さんは、初対面の一学生である私に随分長い時間をさいてくれた。いまでも記憶に残っているのは、「脳が一つあれば研究すべきことはそのなかにいくらでもある」という言葉である。杉田さんも「内村君のところならぜひ行きたまえ」とはげましてくれ、紹介状を書いてもらうことができた。

その年の晩秋、私は札幌の教室を訪れ、内村先生にお目にかかって、先生のもとで勉強する決心をかためた。こうして、私は札幌で六年を過ごすことになった。

16　川田貞治郎先生と藤倉学園

川田先生と最初にお目にかかったのは私が東大医学部の学生の頃である。たしか一年の学年末に、伊豆旅行の途次、大島に遊んだ際、別に誰の紹介もなく藤倉学園を訪れ、先生の人間に魅せられたのである。いまでもその時のことをはっきりと記憶しているが、リュックサックを背負い、旅行靴をはいて、学園をふらりと訪れた学生の私は先生と話をしているうちに、この背の小さい、体に不似合いの大きい頭をもった、額の広い、濃い眉毛の下に柔和な眼をもった老人にすっかり魅せられてしまった。

丁度その頃、私は、将来の専攻を何にしようかと迷っていたし、人間を忘れて器官だけしか問題にしない身体医学というものに疑問をもっていたので、そんなことを私はこの初対面の人物に話をした。先生がその時どんなことをいったか記憶していないが、そのまま学園に居候をきめこむことになったのである。いままでにであったこともない「とめさん」、「だあさん」、「日高さん」などという人物は私には驚異であった。医科の学生で、精神医学の教科書もすこしは読んでいたから、精神薄弱や収容施設のことは知っているつもりであったが、これらの人物は私の知っていたものとは全く違った新しい存在であった。いままで経験しなかった精神問題に直接ふれ、精神というものが、環境によって、どんなに変わるものであるかということを、無気力で不潔な「低能」の一般的概念からかけ離れた学園の「子供」たちと一緒に生活することによって、じかに体験したことは、その後私が精神医学に関心をもつ上に大きな影響を与えたことはまちがいない。

この一週間のあいだに私は園児や職員からママと呼ばれ慕われていた徳子夫人を識った。川

川田貞次郎・徳子夫妻と仁子さん

田先生が直観的で、ともすると考えが飛躍するのとは対照的にママは緻密で心情の豊かな婦人であった。先生と私が夜おそくまで話に夢中になっていると「早くお休みなさい」とママに注意されるのが例であった。そんな時、先生はまるで子供のように肩をすくめて、「さあ、ねようか」といった。学園は川田先生夫妻の生活の延長であったから、私もこの一週間のうちに二人の生活にとけ込んでしまったものと思われる。

いま、先生の仕事を継いでいる長女の仁子さんは小学校の二年生で、朝食の時、私は三人家族の仲間入りをした。朝食以外は昼食も夕飯も学園の食堂で職員全部が楽しい食事を共にした。朝の礼拝は私には苦手であったが、よそよそしい教会の空気とはちがった清教徒的な素朴さがこの集まりに感ぜられて、私は楽しかった。

この最初の邂逅から川田先生夫妻と私は何か目に見えないつながりで結びつけられているよ

うな気がする。東京での索漠とした生活に疲れた時、大島の学園生活は私にとって救いであった。大学を卒業すると、先生のすすめもあって北海道の大学に赴いたので、その後は大島を訪れる機会があまりなかった。東京に戻って、松沢と東大にいた間もそう度々大島にでかけた記憶がない。しかし、いつも私の頭の中には大島の学園と、そこでの生活の記憶が生きていたように思う。たまに東京でお目にかかる時の楽しさを今でも忘れない。上京された先生をよく、神田常盤橋の脇にあった旅館にお訪ねしたものである。

徳子夫人が健康を損ねたのは昭和十二、三年頃からでもあろうか。学園が甲州の山の中に疎開したという報せにつづいて徳子夫人の病いが篤いという報せがあったのは戦争が烈しくなり、金沢の教室も人手がなくなって、留守にすることができなくなっていた時だった。お見舞もできずにお別れしたことを思うと胸が痛む。

私はまだ徳子さんが元気だった昭和十四年春、妻と長女の翠子を伴って大島の学園を訪れて以来、今日まで一度も行っていない。徳子さんのお墓があるという学園の裏山は、よく昔学園の子供たちとのぼったところである。紺碧の太平洋を眼下にしたあの丘の風景は私の頭の中にはっきり刻まれている。徳子さんのいない学園に行く気持にならないでいるうちに、時が流れてしまった。川田先生は昭和三十四年六月二十七日、昇天された。時に八十歳であった。先生は、その生涯をかけた藤倉学園をいつも見まもることのできるあの丘の徳子夫人のもとに帰ったのだ。

私の頭の中にあるのは二十数年前の川田貞治郎先生と徳子夫人の個性によって特色づけられた大島の藤倉学園である。そこにお二人はいま、そしてこれからも生きている。私は二人の人格を離れて藤倉学園を考えることはできない。

藤倉学園の後継者である仁子さんは、川田先生夫妻の流儀を形の上で継ぐ必要はない。しかし、仕事にすべてをかけたあの志はぜひ継いで貰いたい。名前だけの園長であってはいけない。学園の子供たちの教育を身をもって実践する園長であって貰いたい。なおさらのこと、社会事業家にはなって貰いたくない。私が川田先生において最も尊敬したのはその反骨の精神であり、金力や権力に屈しない真のキリスト者の精神であった。先生が一番嫌悪したのは、〝社会事業家〟の名誉心であったと思う。

川田先生夫妻によって小さくても清純な花を咲かせた藤倉学園が、その特色を失うことなく、これからも世の窓であることを私はいのりたい。

（川田貞治郎追悼録編集委員会編「川田貞治郎」一九六二年六月）

17　「失行症」に没頭、北大時代

昭和五十三年六月十七日、北海道大学精神医学教室は開講五十年を祝った。私が北大の教室

新築間もない北大精神医学教室と中庭

に入局したのは、教室開講の翌年、昭和四年春である。もう今はとりこわされて跡形もなくなったが、新しく完成したばかりの精神科病棟は、私が知っていた東京のどの精神科施設の建物よりも明るく、清潔で、開放的だった。もう五十年以上も昔になってしまったが、あの頃の病棟の日々を昨日のことのようになつかしく思いだす。

私が入局した当時、私の他に北大出の新人二人が加わって、教室員がようやく六人になったところだった。内村祐之教授は、ドイツ留学から帰朝したばかりの、弱冠三十歳、新進気鋭の研究者で、私たちも皆二十代前半の若者だった。師の教えを弟子たちが鵜のみにしたのではない。随分激論がかわされた。「共働」という言葉を内村先生は好んだが、まさに師と弟子が共働して処女地北海道に新しい精神医学を建設しようとしたのである。

いまから五十年前の北海道は精神医学と精神科医療の処女地であった。これは決して誇張ではな

北大精神医学教室一家
前列中央内村祐之教授、右から２人目筆者。昭和５年春撮影

い。精神疾患や神経疾患の専門医療施設は、札幌の北大病院精神科の他に皆無だったし、精神科の専門医はそこで働く、私たち数名だけであった。だから、広大な北海道の各地から、さまざまな精神神経疾患になやむ病人が私たちの診療を求めて訪れた。

　私が東京を離れる時、地方大学の、それも新設そうそうの小さい医局では臨床経験をつむことが難しいだろう、と心配してくれた友人もいた。私自身にもそんな危惧がないでもなかった。しかし、来て見てそれが全く杞憂であることを実感した。

　病気の発生が、結核や多くの急性感染症がそうであるように、時代や環境の影響を受けることはよく知られているが、精神医学の領域では神経梅毒がその最も代表的な例である。この病気は現在ではごくまれにしか発生しないようになったが、私が精神科医になった頃は精神病のなかで発生率が最も高かった。ことに北海道は他の地方に比べてきわだって高かった。北海道で唯一の専門施設である北大精神科に全道からこの病気の人が集まった。当時の統計によると、年間入院患者の四十二パーセント、つまり半分近くがこの病気の人たちであった。

神経梅毒は梅毒の病原体が脳に入って発病する。この病気で亡くなった人の脳のなかに病原体が存在することが野口英世によって証明され、それまで謎とされていたこの病気の本態が明らかとなった。原因がわかったために、それまで不治とされていたこの病気の治療も進歩した。私が医師となった数年前からマラリア療法が行われるようになり、北大の教室でもこの治療法によって、多くの患者を治癒させることができた。

この神経梅毒という病気は、狂気が家系とか、遺伝とかの個人の力ではどうすることもできない人間の宿命ではなく、一定の物質的原因に基づいて発現し、その原因を除去すれば絶滅も可能であることをはっきりと証拠だてた。私は修業時代に、この病気の人を診たことによって、狂気について実に多くのことを教えられた。その教訓を私はいまでも大切にしている。

いま、精神疾患や神経疾患の診断や研究にかかせない重要な方法となっている脳波が、ドイツの精神医学者ハンス・ベルガーによって発見されたのは、私が北大精神科に入局した年である。この方法を用いて、私がてんかんの研究をはじめるようになったのは金沢大学に赴任してからだが、内村教授の指示でベルガーの論文を勉強したことが役にたったことは間違いない。

アイヌの人たちと。旭川近文コタンで。昭和6年頃

内村教授以下、当時の教室員が協力して行ったわが国の先住民族であるアイヌ（ウタリ）の精神医学的研究は、その後の比較文化人類学のさきがけであった。アイヌの奇病といわれたイムの調査を通じて、アイヌの人たちと親しくなり、その文化に接することができたのも北海道に暮らしたおかげである。五十年前、日高沙流川流域の集落で見たイムはいまでもウタリの人たちの間に見られるという。民族の歴史が生んだ伝承と集団精神は一朝一夕で消え去ることがないことを教えていると思う。

北大時代に私が一番熱中したのは失行症の研究である。私は入局して二年目に、たまたま歌志内炭坑のガス爆発で被災し、一酸化炭素中毒の後遺症をもつようになったひとりの患者を受けもつことになった。臨床経験の乏しい私には、何とも理解のしがたいこの患者の症状が文献を調べていくうちに失行症という、わが国ではまだ十分に研究されていない高次神経機能の障害であることがわかった。気をつけていると、同一の症状をもつ患者が発見され、私はその研究に没頭した。

四年がかりでまとめたのが『失行症』で東京の書店から出版された。この本は長らく絶版になっていたが、読者からの要望で昭和五十一年、東大出版会から新版が発刊された。失行症を書きあげた昭和十年三月、私は北海道を離れ、東京に戻り内村教授の推せんで都立松沢病院に勤務することになる。

18　北大精神医学教室入局のころ

――たけを君のこと

先日、静枝未亡人が拙宅に見えて、病院の創立から四十年たったので記念誌を作りたい、ついてはその当時の思い出など書いてもらいたいという依頼があった。四十年というと随分の昔の話だし、石橋病院が設立された頃のいきさつなどは、そういうことにあまり関心のなかった私だから、よく記憶していない。けれども創立者の石橋猛雄君のことは、その若い頃の風ぼうまで、つい昨日のことのように想い起こすことができる。静枝未亡人の注文にははずれるかも知れないが、札幌の教室時代の想い出など、そこはかとなく書いてみよう。

石橋君を識ったのはもちろん私が北大の医局に入局した時である。その頃、教室では石橋君をたけを君と呼んでいた。同姓の石橋俊実《としみ》助教授との混同を避けるために、たしか内村先生がそう呼ぶことを医局で、といっても教授を含めて六人の小世帯であったが、提案されてからだと思う。看護婦たちもたけを先生と呼ぶならわしとなり、病歴や処方には「たけを」という署名が使われた。肩をいからせ、おどるような力強いタッチで書かれたたけをの三文字がいまでもありありと目に浮んでくる。

たけを君と私は昭和四年春に入局した同輩である。もう一人、たけを君と同じく北大出身の大山恭次郎君も同年入局した。まだ創設間もない教室は、内村教授のほかには教室員が二人だけであったから、われわれの入局は大いに歓迎された。教室の建物もできたばかりでまだ塗料の芳香が残っていた。病院の玄関から長い渡り廊下を歩いて一番北の端の建物が精神科だった。もうそのさきには農学部の牧場がひろがり、放牧の季節になると牛が何頭も研究室の窓のすぐ傍にまで近よってきてのどかな鳴き声をあげている光景が眺められた。

まだ震災でうけた痛手がいたるところに残っていて荒涼としていた東大のキャンパスに比べると、札幌の街と大学のたたずまいは私にとって久しく忘れていた心の平安をとり戻してくれるようであった。東京からやってきた私と違ってたけを君と大山君にしてみれば札幌も大学も別段の感慨を触発するわけではなかっただろうが、新進の内村教授のもとで新興の意気にもえる精神科教室に大きな期待をよせて飛びこんできたことは確かだった。だから、三人の気構えは相当なものだった。今なら、全く考えられないことだが、入局早々臨床だけでは満足できず、

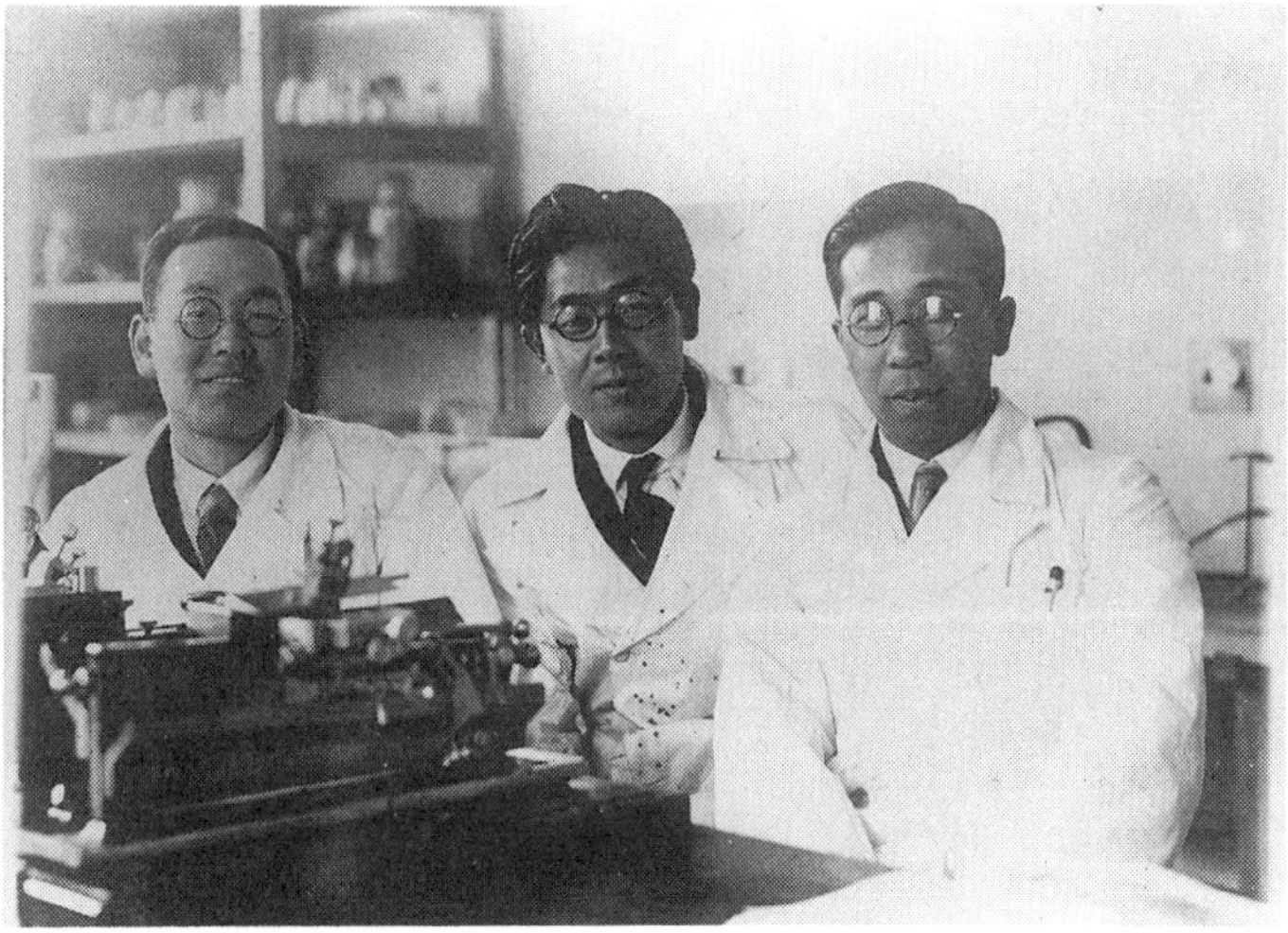

研究室で。中央が筆者、左がたけを君、右が大山恭次郎君

研究室の仕事をはじめたものである。

何しろ医局の先輩といえば松沢病院から赴任した石橋さん（としみ先生とよばれた。後に東北大学教授となる）と相川さんの二人きりだから、気が楽でやりたいことがやれた。三人はそれぞれわが道を往くことをよしとする性格だったが、なかんずくたけを君はその傾向が一番顕著だった。学生時代に級友からモルブス・セントウイ（先登病）という尊称をたてまつられたということだが、たけを君の一面をいい得て妙だとその頃感服したものである。

要領が悪く、不器用な私が神経病理の研究室で、内村先生直伝の標本染色の習得に難渋し、セロイデイン包埋の切片がうまく切れず、大事な標本を駄目にする、などの失敗を重ねている間に、たけを君はそれまで空室同様であった化学研究室の整備に精を出し、髄液の膠質反応や蛋白の定量ができるようになるまでにそんなに長い時間はかからなかった。いまとちがって、精神科で一番多く取り扱う病気は進行麻痺だったから、その診断には髄液の所見が決定的なてがかりとなったし、マラリア発熱療法の効果を判定する上でもそれが大変役に立った。

膠質反応のなかでは金膠質反応が最も鋭敏で鑑別診断に役にたった。この反応に使う金膠質溶液は数日しか保存できないので、度々新調する必要があった。塩化金の水溶液にアルカリを加えて加熱しながら攪拌すると美しい紅色を呈してくる。無色透明の液がある瞬間さあっと着色してくる、その変化が実に面白い。しかし美しいばら色の膠質液ができるのにはこつがあり、慣れないと紫色になり、時には混濁して役に立たないしろものしか作れない。たけを君はこの試薬作りの名人だった。彼の手にかかるとほとんど失敗したためしがないくらいだった。口惜しい話であったが、金膠質作りではたけを君に降参するほかなかった。内村先生の指示で髄液蛋白の定量をすることになったたけを君は、その当時ドイツで使われはじめたカフカ沈殿管をハンブルグからとりよせて研究をはじめた。今日から考えると随分原始的なものなのだが、その頃は最も斬新な方法であった。

たけを君はこの方法で髄液総蛋白の定量に没頭していたが、そのうちにカフカ沈殿管に大変な欠陥があることを発見した。この沈殿管の目盛は同じ間隔できざまれているのだが、たけを君はその不合理を実験によって証明したのである。実験の結果、沈殿管の一目盛の蛋白量は等量ではなく、下層から上層におもむくにつれて一目盛の蛋白量は減少して抛物線を描くことが明らかになった。この結果から、たけを君は測定値の補正をするための具体的方法を案出し、当時として最も精密な髄液蛋白の定量法を確立した。

私は当時たけを君の仕事ぶりを傍から見ていて、その徹底したがんばりに舌をまいたものである。その頃は気づかなかったことだが、たけを君がカフカというその時代の髄液学の権威に盲従しないで、自分の実験を大切にし、その結果、「権威」にもあやまりがあることを発見した。その自己の道を往くという独立の精神は、たけを君の一生を貫いた真骨頂ではなかったかとこの文章を書きながら思ってみるのである。

たけを君が石橋病院を設立したのは昭和九年頃だから、彼はまだ教室では髄液蛋白の研究に熱中していたはずである。私の記憶では医局では開業の話などあまりしなかったようである。しかし、おそらく、たけを君のことだから、その前から綿密な計画をたて病院設立の準備を進めていたのだろう。たけを君が教室を去り、病院の仕事に専念するようになってから、私も一、二度お邪魔をした記憶がある。たしか、私の記憶にあやまりがなければ、新病院はお世辞にも立派だとはいえないささやかなものだった。しかし、たけを君は研究に注いだ情熱を、今度は自分の病院に投入したにちがいない。何ごとにも全力投球するのが彼の人生哲学だから。

私は翌十年札幌を離れ東京に戻ってしまったから、石橋病院のその後については、直接知ることはなかったが、学会などで顔を合わせた時、病院が次第に充実して発展している様子を聞いてよろこびにたえなかった。

たけを君と旧交をあたためるようになったのは私が東大に戻り、彼が日本精神病院協会会長になってからである。日精協の今日の基礎を作ったのはたけを君の功績なのだが、これについては別に書く人があろう。たけを君の訃をきいた時、私はたけを君一流のやりかたで力強く人生を生きぬき、モルブス・セントウイの名にふさわしくわれわれをあとに残して往ってしまったのだ、と思った。是非墓参をとの願いが実現したのは、昭和四十六年九月二十五日だった。たけを君の後継者幹雄君の案内で札幌から高速道路を走り、何十年ぶりかで小樽の街を訪れた。日記帳で見ると、雨の降りしきる寒い日の午後だった。彼の墓は石橋病院を眼前に眺める小高い丘の上にあった。同行した静枝さんの話では、たけを君がいつでも病院を見ていられるように作ったのだということであった。

たけを君は多くのものを彼の歩んだあとに残していったが、石橋病院はそのなかでももっとも大事なものの一つだろう。それが形骸としてではなく、たけを君の精神をも継承する金字塔として発展することを創立四十年にあたってのぞみたい。

（「道のり」―石橋病院開院四十周年記念誌、一九七四年十月）

19　奇病イムの話

アイヌ人のなかにイムフッチあるいはトッコニバッコと呼ばれる奇病があることはアイヌ関係の書物の多くに書かれている（ジョン・バチェラー「アイヌ人と其の民話」、河野常吉「北海道旧土民、大正十一年」、金田一京助「ユーカラの研究　第一巻」など）。

医学者では小金井良精（「人類学研究」、大正十五年）、関場不二彦（「アイヌ医事談」）の記載がある。しかし、精神病学の専門的な立場から考察したものはわずかに榊保三郎の報告があるだけである。榊は明治三十四年、主として室蘭附近及び日高平取地方のアイヌ部落を調査して東京医学会雑誌（第十五巻、明治三十四年）に報告した。この榊の論文は精神医学者による最初にして最後の報告であった。以来今日までイムは再び専門学者の注意を惹くことがなかった。

昭和六年夏、私は同僚渡辺栄市医学士とともに日高沙流川流域地方に住むアイヌ人の精神神経病の調査に赴いた際、たまたま数人のイムフッチにあうことができた。文献だけで知っていたイムが現在もなおアイヌの人たちの間に存在することを知り非常に興味を覚えた。私たちの歩いた地方は平取を中心として、現在この村の管轄に属する、ニナ、サルバ、シウンコツ、ニブタニ、ニオヒ、ヌキベツ等のコタン及び隣村門別村の二、三のコタンであった。これらのコタンのうち、定型的なイムフッチを見たのはニナ、シウンコツの二部落であるが他の部落にもイムフッチはいるという話であった。

最初に見たイムバッコは、平取からニナに通じている街道の傍にある小屋に住む五十歳前後の老婆であった。私たちが訪ねた時、恰度このお婆さんは背戸で何か仕事をしていた。始めは私らを胡散臭そうに見ていたが、案内の二谷さんが「トッコニ」(アイヌ語で蛇の意)と大声で叫んだものだ。するとお婆さんは奇妙な叫び声をあげると飛び上って逃げだした。そして、庭さきに積んであった薪を手当たり次第に、何か喚きながら投げつけだしたので、今度は私たちの方が逃げ出さねばならなかった。

もう一人この近所でイムを見た。この婦人は四十五、六歳の大変静かな話のわかる人だった。色々雑談をしている際中に、例の「トッコニ」を大声で叫んだ。すると忽ちイムがおこった。妙な叫び声をあげると、何かぶつぶつ云いながら体を動かし始める。そしてこちらの云うこと、為すことをそっくりそのまま真似をする。この媼にはとてもわかりっこないような難しい言葉をいってもそのまま真似をする。全く鸚鵡返しである。又こっちで手を打ったり、顔を顰めたりすると、その通りやる。

こういう状態が五、六分で平静に返ったがそんなことをしたのを後から大変に恥ずかしがり、何とかしてなおりたいと思うがなかなかなおらぬとこぼしていた。この人は若い時分は全くこんなことはなく、中年になってからイムがはじまったということであった。

その晩、二谷さんの家で近所の翁、媼を数人集めて、ユーカラ、ヨイシヤマネを聞いたが、その席に昼間私たちを薪で追いかけた老婆も来ていた。そして先刻の失態を詫びていたが、その後から「トッコニ」をやると又騒ぎだしたのである。一座の者は、お婆さんが騒ぐのを面白がり、わいわいと囃し立てて大賑やかであった。

この他にも私たちは数人のイムフッチを見たが、症状はどれも大同小異で、「トッコニ」と云って吃驚させるとイムがおこる。この辺のコタンにはたいていイムフッチ、すなわちイムをおこすお婆さんが数人はいる。コタンを訪れて、イムするお婆さんがいないかと聞くと、どこそこのお婆さんはイムだと教えてくれる。平取界隈の部落には札つきのイムフッチが何人かいて、コタンの若い連中は彼女らをいい慰み物にして、からかっては面白がっている。

私どもの観察したイムの症状を委しく述べるのは後廻しにして、これまでの報告から、イムに関する記述をひろってみよう。

金田一京助の「ユーカラの研究」に面白い話がのっている。沙流地方から著者の許に身を寄せていた中年のアイヌ婦人が浅草の花屋敷で大蛇を見てイムを起こしたというのである。大蛇を見ると、突然「ワワワワ」と喚きだして、おかしな動作をやりだし著者を面喰らわせた。

これとよく似た話を私はシウンコツの鍋沢為之助さんから聞いた。彼が近所のイム婆さん（このお婆さんのイムは私も見た）を伴って上京した時のことである。銀座の夜景を見物に出掛けたところが、暗い夜空に明滅するネオンサインを眺めているうちに、お婆さんは電車の中でイムをおこしたそうである。私は大変面白い話だと思って聞いた。花屋敷や、銀座の真中でイムをやったお婆さんはむしろ痛快である。

小金井良精の報告にある話も面白い。あるお婆さんが小学校の門前で蛇を見てこの発作を起こした。恰度雨が降っていたが、持っていた傘を放りだすと、運動場でやっている児童の体操をそっくりそのまま真似しだした。雨の中で一心不乱に子供の体操を真似する老婆、想像しただけでおかしくなる（イム婆さんには気の毒だが）。これがイムというものである。小金井博士夫人喜美子の「島めぐり」を読むと、この老婆のことが名文をもって描かれている。

関場一彦はイムの時によく見られる反対行為を記載している。イムになった時に命令を与えるとそれと全く反対のことをする。例えば「お前のすっている煙草を捨てろ」というと一生懸命に煙草をつめる。「もっとすえ」というと折角きせるにきざみを詰めて火まで付けたものを無闇にはたいて捨ててしまう。

これらの記述はいずれも老婆のイムを述べたものだが、バチェラーによると、イムはかならずしも老婆とは限らない。彼はペンリという男が蛇に噛まれた後イムを起こすようになったと記している。

文献の記載で共通しているのは、イムが、蛇（トッコニ）という刺激でもっともおこりやすいが、その他に、心胆を寒からしめるような突発事によって誘発されることである。

榊保三郎はイムの症状を次の六つに分類した。すなわち、㈠反響言語（相手のいうことをそのまま真似をする）、㈡反響動作（相手の動作をそのまま繰り返す）、㈢驚いて飛び上がる、㈣強迫行為（例えばあの人の頭を打てというと尻を打つ）、㈤衝動行為（無茶苦茶な乱暴、前後不覚の行為、例えば薪を投げつける等）、㈥恐怖。これらの六つの症状が一緒になってイムを形成するとしている。しかし、私は、およそ三つの症状に整理するほうがイムを理解するのに適していると思う。

㈠　反響症状

文献の記載および観察でも、この症状がイムに、もっとも特徴的である。刺激語をそっくり口真似したり（反響言語）、相手の挙動を何でも模倣する（反響動作）、などが普通見られる反響症状である。相手の命令をその通り行なう命令自動もこの中に入れてよい。

面白いのは、命令と反対の動作をすることである。榊はこれを強迫行為の一種とみなしているが、私は陰性反響症状（命令自動が陽性反響症状であるのに対して）に数える。

反響症状は時としてとんだ悲劇を起こすことがある。シベリヤのヤクート族の間にメリヤチェニエー（Meriatschenje）というイムに大変よく似た現象がある。ある男が船の上で赤ん坊を抱いている中に手にした木片を甲板の上に落した。するとその真似をした男は抱いている赤ん坊を甲板の上に放りだした。投げだされた赤ん坊は可愛想に死んでしまった（榊による）。イムでも反響症状が頗る著明である。

㈡ 防衛行為

イムを起こすと、その原因に対して、あるいは抵抗し（積極的防衛）、あるいは逃避する（消極的防衛）。この防衛行為は意識的ではなく、反射的である。

ニブタニで聞いた話だが、狭い藁小屋の中で一人のお婆さんが蛇の格好によく似た藁を見てイムの発作を起こし、いきなり傍にあった鎌をとって一緒に居た男を傷つけたという。私たちも何度となく、腰のまがった老婆から手当り次第に薪を投げつけられ、這々のていで逃げだしたものである。

㈢ 抑制減退

イムの経過中によく見られるのは、性的言動である。アイヌ社会では、女性の性表現は強い抑制を受けている。平素慎しやかな老婆が、性的な言葉や仕草を恥じらいもなく衆人の前で公開するのには驚かされた。

榊の記述のうちにそのよい例が載っているので引用する。「……これは甚だ申しにくい事ですが、（あるイムフッチから）睾丸をひどく握られ」たり、「……非常に臭い婆さんです。その婆さんがニヤニヤと私の所に来て、無闇に私を抱きしめた、実にその時の心持というものはありませんでした」

もっとも、この症状を榊は命令に反対する行為として説明している。睾丸を握ったのは傍の人が「頭を握れ」（原文のまま）と命じたからであり、又抱きついたのは「抱くな」と命じたからだという。

私もイムのお婆さんから何度も抱きつかれたが、別に反対の命令をしたわけではない。たいてい、そういう時は、お婆さんは猥雑な言葉を口にしたり、自分の前を開けて見せたりした。イムに伴う性露出は抑制減退に伴う、性の解除現象として理解される。イムの持続時間は刺激の強さによるし、個人的にも相違する。しかし普通そんなに長いものではなくたかだか二、三十分である。刺激が弱いとただ飛び上ったり逃げだしたりするだけである。これはイムの頓挫型とみなしてよいだろう。発作のない時は全く普通人と変わらない。

イムはイムフッチあるいはトッコニバッコという名前が示しているように老婆につきもののようである（フッチ、あるいはバッコはいずれも老婆を意味する）。実際イムが起こるのは多くは更年期以後である。そして老年期（六十歳以上）に入ると段々イム状態が軽くなり、あるいはそれを起こさなくなるものらしい。小児には全くないようである。思春期及び壮年期にこの状態を起こしたものは私の調査した範囲には存在しなかった。たいてい、四十歳を過ぎてこの「不幸な」病に取りつかれた者である。

しかし榊の記載に依ると十三歳ですでにイムを起こしたものがあり、また十六歳、二十七歳でこの状態を起こした者もあるという。イムが起こるのはかならずしも更年期以降とは限ったものではないだろう。しかし、イムの多くが更年期以後に起こると見ることは、間違いではないと思う。イムはまた女性に限るといわれている。ただし、バチェラーは男子のイムを見たと書いている。

イムの本態について、榊は「強迫性精神病　Zwangspsychose　あるいは強迫観念症　Zwangsneurose　の特別な、まだ一病として記載していないところのものであろう」と書いている。しかし、私たちが観察したイムの状態に共通する三症状、すなわち、反響症状、防衛行為、抑制減退の性質を考えると、それらはすべて外からの心理的衝撃に対する破綻反応として意味づけることのできるものである。

反響症状は自我独立の喪失であるし、防衛行為は外来刺激を排除する意味をもつとしても、原始的でかつ盲目的である。それは危機に襲われた動物の示す反応に近い（運動暴発、擬死反応）。

また、第三の特徴である抑制減退によって意識の深層に横たわっている欲求が行動を支配するようになる。イムの状態でしばしば観察される性的露出はアイヌ社会において、性の抑圧が女性の場合にとくに強いためであろう。

イムはそれ故、驚愕や恐怖に伴う心理的反応であり、心因反応の一形態として理解することができるだろう。

しかし、トッコニ（蛇）がなぜイムをおこす主要な刺激として作用するのか、アイヌ人がカムイ（神）とみなす熊を見たり、熊という言葉を聴いたのではイムがおきないのはなぜなのか、まだその理由を明らかにすることはできない。それはおそらく、蛇をタブーとするアイヌ社会に特有な伝承があって、それが蛇恐怖という集団心理を形成しているのではないかと推測されるだけである。

イムとその本態を一にすると思われる原始的心因反応には、マレイ族のラーター、シベリアヤクート族のメリアチェニエー、あるにはアメリカインディアンのジャンピングなどがある。それらの比較精神医学、あるいは比較文化人類学の分野における研究は今後の重要な課題として残されている。

この調査に多くの便宜を与えられた北海道庁竹谷社会課長、本庄平取村長、アイヌ族出身の同村吏員二谷文次郎氏に厚く御礼を申しあげる。また、アイヌ民族学について種々有益な助言を頂いた北海道大学農学部昆虫学教室の河野廣道博士に深く感謝する。

（「アイヌの所謂『イム』について」、「蝦夷往来」一九三二年三月に掲載の文章より要約）
（附記　この一篇は精神医学を学びはじめて最初に書いた、私の〝処女作〟である。後に、内村祐之他「アイヌのイムについて」（精神神経学雑誌第四十二巻、一九三八年）として完成され、発表された）

20　東京府立松沢病院で病院精神医学を学ぶ

「東京府立松沢病院医員を命ず。五級俸給与昭和十年四月八日。東京府」。これが、三宅院長から手わたされた私の辞令だった。たしか当時、五級俸は八十円だったと思う。まだ独身だった私は、荏原洗足の長兄不二三の家に寄食するつもりだったから、それだけあれば書物を買う余裕があると安心した。

私が精神科医としての修業をした札幌の大学の教室と違って、松沢病院は、入院患者が、千人を超す大病院であり、医局も私より先輩の人たちばかりだったから、初めのうちは何となく気づまりで戸惑うことも多かった。しかし、間もなく私は三宅院長から、ちょうどその頃ウィーンの大学ではじめられた分裂病の新しい治療法であるインシュリン療法を研究するように指示され、松沢病院で初めて私がこの治療法を行うことになった。私は、このことがきっかけで「生ける屍」の運命をたどるとされ、施設のなかで一生をおくることを余儀なくされていた難治分裂病の人たちに、回復をもたらすことができるという希望をもち、新しい熱意に燃えて毎日をすごすことができた。松沢病院という名称はその所在地が東京府荏原郡松沢村（現在の世田谷区上北沢二丁目）であるところから来ている。このあたりは、甲州街道沿いの農村地帯であったが、それまで小石川区巣鴨にあった東京府立巣鴨病院が、大正八年にこの地に広大な敷地を求めて移転してきたのである。

　松沢病院に隣接している千歳村粕谷（現在の世田谷区粕谷一丁目）は、若い人たちは知らないだろうが、文豪徳富蘆花が住み、『みみずのたはこと』（大正二年出版）を書いた場所である。この本のなかに、明治末年、ちょうど京王電車が新宿から府中まで開通した頃の、このあたりの風物や人々の暮らしが見事に描かれている。私が松沢に通った頃はまだ、その面影が残っており、蘆花が住んだ恒春園や、その傍らの「わかれの杉」の舞台である粕谷八幡を患者の人たちと一緒に度々訪れた。

　先日、『みみずのたはこと』（岩波文庫版）を読み、面白

大正末期の東京府立松沢病院

い文章を発見した。

私が粕谷に越して来ての十七年は、やはり長い年月でした。村も大分変りました。東京が、文化が大胯に歩いて来ました。……私共の外遊中に、名物巣鴨の精神病院がつい近くの松沢に越して来ました。嬉しいような、また恐しいような気がします。隣字の烏山には文化住宅が出来ました。別荘式住宅も追々建ちます。

蘆花が嫌悪し、逃げだそうとした「都会や文化」がどんどん彼を追いかけてきたが、松沢病院もまたその仲間だというところが大変面白い。実際は松沢病院もやはり「文化」に汚染された市街地巣鴨から、自然の環境を求めて逃げだしてきたのであった。ところで蘆花は、松沢病院が近所に引っ越してきたことを、何故嬉しい、あるいは怖いと感じたのだろうか。中野好夫さんの解説を読んで私は合点がいった。

蘆花恒春園からわずか一キロ余り東の当時の松沢村に東京府立巣鴨病院が新築移転してきます。当時は、その新築光景が、一歩外に出れば丸見えに望み見られたらしいのです。しばしば、蘆花夫妻間で話題になっていいます。あなたなど、いつでも入院できて便利になると一方がいえば、そうさ、

こっちこそ粕谷分院さなどと、冗談口まで叩き合っている始末。松沢病院はいまでもありますから
ご存じでしょうが、こんな光景など、現在ではとても想像もつきますまい。

盧花は、昭和二年、粕谷の里で亡くなり、その旧宅と恒春園は、昭和十一年未亡人の愛子さんから、当時の東京市に寄附され、現在さらに拡張されて蘆花公園となっている。そのあたりは、蘆花が最も嫌った自然破壊が進み、環状八号線が作られ、その両側には大きなマンションが建ちならんでいる。昔、私が患者たちと一緒に歩いた、恒春園に通ずる田圃道や、院内の水田や将軍池に水を注いでくれた用水はどこであったか、今は訊ねようもない。

私の松沢勤めは、内村祐之先生が、北大から東大に転任となり、松沢病院長を兼ねるようになって、ますます忙しくなったが、昭和十二年秋、東大精神科外来医長として東大教室で働くことになり、終止符が打たれた。この時、私は自分が松沢病院長として再びここに立ち戻ることがあろうなどとは夢想もしなかった。

松沢に勤務している間に、私は、学生時代に私が私淑した大島藤倉学園川田貞治郎先生夫人徳子さんの配慮で、斎田佑喜を知り、昭和十一年二月二十三日、後に信州松本教会に赴いた三輪義一牧師の司式により結婚した。京王線幡ケ谷駅近くの城西教会という小さなチャペルであった。

妻を娶る

　東大外来医長時代は、内村先生の新しい教室作りがはじまったところで、ちょうど北大に行った時のような活気がみなぎっていた。若い俊秀が先生の元に集まった。そのなかに、信州木曽と縁の深い西丸四方（故人、信州大学名誉教授）、島崎敏樹（故人、東京医科歯科大学名誉教授）兄弟がいた。

　昭和十六年十二月、太平洋戦争に突入する直前、私は金沢医科大学（現在の金沢大学医学部）教授会によって教授に選ばれ、金沢に出発した。真珠湾攻撃の数日後であった。

21　帝国女子医専出講のころ

新井尚賢教授が東邦大学の精神科教室を始められて二十周年を迎えるということである。まだ帝国女子医学専門学校とよばれていた時分にパートタイムの教師として精神医学の講義をうけもったことのある私は、なんだか自分の肉身のよろこびごとのようにうれしく感じられる。教室をここまで育てあげられた新井教授と協力者のかたがたに心からのおよろこびを申しあげ、これから教室がさらに大きく発展することを願うものである。

筆をとったついでに、いまの教室の皆さんはおそらくご存知のない教室前史のエピソードと私個人の想い出を書いてみよう。もう三十年も昔のことだから記憶のさだかでないところもあり、間違いがあるかも知れないが寛容を乞いたい。

私が大森に講義に行くようになったのは、松沢病院の医局にいた頃のことである。大森の学校ができた頃、松沢病院の副院長であった杉田直樹博士が講義を担当したことがきっかけで、そのあとを渡辺道雄さんがひきうけていた。渡辺さんが京城帝大の教授に転出することになった時、そのあとをやってくれと頼まれて、私はびっくりした。それまで副院長とか医長とかのおえら方ばかりが出向いていたのに、北海道からでてきて間もない新参者の私にその番が廻ってくるとは思ってもいなかったからである。

それはたしか昭和十二年の末ではなかったかと思う。十回生の諸君に講義をしたのは、学年の途中、それも最後の数ヵ月だったように記憶している。その次の学年、第十一回生がはじめから講義をした最初のクラスである。何しろ、外来も病室もないのだから、臨床教育などできるはずはない。それなのに講義だけしろというので、気が重かった。こんなことでいいのか、と講義をする度に自責にも似た思いにかられたことを想いだす。

もっとも、その頃は精神科の教室をもっていない医学校は珍しくなかった。東京では教室がおかれていたのは東大と慶応ぐらいで、あとは外部に講師を依頼して何とかお茶を濁していたのである。故額田晋先生に精神科教室の設置が急務であることを説いたが、なかなか実現せず、新井教授の代になってそれがようやく実を結んだ。それが昭和二十八年だということだから随分長い間、東邦の精神科教室の前史時代がつづいたことになる。

私が大森に講義に行くようになった時は松沢の医局員であったが、その後間もなく東大の教室に移ったから、それから数年間は大森と松沢との関係はきれていたことになる。しかし、昭和十六年三月、東大の仕事が忙しくなって大森をやめたあとはまた松沢病院から講師がでることになって、奥田三郎、斎藤西洋、猪瀬正の諸君が講義にでかけていたようである。猪瀬君のあとをついだ新井教授の時代に、長かった変則教育に終止符がうたれ、今日の教室が誕生したのである。代々の雇われ教師が果たすことのできなかった教室創立を成しとげた新井教授の功労は大きいが、それだけに大変なご苦労だったと思う。

そんなわけで私はパートタイムの教師としてきわめて覚束ない役目しかつとめることができなかったのだが、大森女子医専時代にはなつかしい想い出が沢山ある。その頃の私にとって大森に講義にでかけるのが楽しみだった。いまでも想いだされるのは木造ペンキ塗りの、お世辞にも立派とはいえない附属病院の建物、たしか大森駅からだとバス通りの両側に建てられていた建物の左のほうの奥まったところにあった古びた講堂のことである。この講堂の手前が産婦人科の教室だったが、主任の赤須文男教授が高等学校以来の旧友であったから、講義がおわると赤須君の医局によって駄べるのも楽しみの一つだった。

講義で何を話したのか全く記憶がないが、講義にでかけるのが楽しみだったこと、すくなくとも苦痛ではなかったことから考えて、自分の講義に手ごたえがあると、その頃うぬぼれていたらしい。精神科医の仕事がやり甲斐があること、精神疾患が未知の世界で探究に値することなどを古びた、石炭酸のにおいのただよう講堂で説いている若い日の私自身が、つい昨日のことのように目に浮んでくる。

どのクラスにも精神科に興味と関心をもつ学生がおり、時々本郷の東大病院に遊びにきてくれた。私が東大にいる間に、大森を卒業すると東大の精神科に入局する人が何人かいた。その

昭和十五年頃の東大精神科医局。女医さんたちと

なかには私が講義をはじめる以前の卒業生もいたが、いま想いだすだけでも、第九回の岡本玉枝、水吉喜己、第十回の桜田千代子（旧姓不破）、第十一回の広瀬勝世（旧姓近喰）、坂井千鶴子、竹内三艸子（旧姓原田）、第十二回の宮崎千代（旧姓甲元）、関野ヤスの諸嬢が相前後して東大精神科に入局した。

　なかでも第十一回の三人が入局した昭和十五年の春には、その前年にすでに入局していた岡本さんたちに新人が三人も加わったものだから殺風景だった医局は一ぺんに華やかになった。ただ華やかになったというだけでなく、みんな勉強家ぞろいであったから、教室の若い諸君にとって驚異でもあり、刺激でもあった。

　岡本さんはその後眼科にかわり、眼科医として活躍したが、その頃私と一緒にてんかん予後の研究をやり、大阪の学会で発表したものである。水吉さんは東大から母校の教室に戻り、講師として新井教授を助けることになったが、惜しいことに先年病没した。水吉さんについて想いだすのは、東大外来でのフェニルヒダントインの治験成績をまとめてもらったことである。私との共著で日本医事新報に発表した報告はわが国最初のものであった。広瀬勝世さんは私にとって大切なひとである。勝世さんたちが入局した翌年の春、私は金沢医科大学（現在の金沢大学医学部）の教授として赴任することになった。

中国大陸での戦争が何年もつづいた上に、その年の十二月八日には太平洋戦争に突入するという暗い時代のことである。東京の教室も、教室員が次々と召集され、手不足になっていたが、地方ではそれがもっとひどく、私が赴任することとなった金沢の教室の様子をきくと、助教授のほかには誰もいないということであった。これには私も困惑したが、その時勝世さんが私と一緒に金沢にいこうといってくれたのである。

それから二年ほど無人で廃墟のような研究室に泊りこんで、私を助けてくれたのが勝世さんである。その当時はいまでは想像もつかないほど進行麻痺の患者が多かった。この病気の診断やマラリア療法の効果を判定するのに、髄液のワッセルマン反応はなくてはならぬ武器だった。勝世さんに東大の血清学教室にいってもらい、当時一番精密な方法とされた緒方法を金沢の教室に導入した。補体を作るというので研究室でモルモットの心臓穿刺をしてくれた勝世さんは、いまは日本医大精神科の広瀬貞雄教授夫人であり、女性犯罪のすぐれた研究者である。惜しいことに先年急逝した。

こんな想い出を書いているうちに、いま紹介した人の他の諸嬢（あえて嬢といわせてもらう）のことを書く紙面が無くなってしまった。またの機会もあるだろうからお許しをいただきたい。それにしても、東大の教室は新井教授によって大森に教室が創設されるまでの間、しばらくはその肩がわりをしたというのもまことに奇縁である。

私にとって大森の数年は、教えることよりも学生諸君から教えられることのほうが多かったばかりでなく、その時に結ばれた友情のきずなのいくつかは今日までひきつがれ、それによって折にふれ、勇気づけられてきたことをありがたく思っている。

何だか、ひとりよがりの回顧に耽ってしまったが、あの頃、講義をすませた帰り、省線（いまのＪＲ）で乗りあわせ、銀ぶらをし、お茶を飲んでおしゃべりしたお嬢さんたち、芝居を一緒に見たお嬢さんたち——誰だったか想いだすこともできないが——をふくめて、出会い、そして別れた学生諸嬢の若々しい相貌がいまも私の脳裡に生きている。あの短い期間が私の生涯で、忘れがたい一時期であったことだけは確かである。

（「東邦大学医学部精神神経科学教室二十五年の歩み」、一九七三年十二月）

22　金沢17年

うつくしき川は流れたり
そのほとりに我は住みぬ
春は春、なつはなつの
花つける堤に坐りて
こまやけき本のなさけと
愛とを知りぬ
いまもその川のながれ
美しき微風とともに
蒼き波たたへたり

詩人室生犀星がふるさと金沢の西を流れる犀川を思って詠んだ詩である。私の金沢についての予備知識は、室生犀星、泉鏡花、徳田秋声、加能作次郎、島田清次郎などの文人墨客の作品を通じて得た文学的ともいうべきものだった。それに亡兄袈裟夫が、大正七、八年ごろ金沢四

金沢赴任の頃のわが家族

高在学中に病を得たこともあって、一度はぜひ訪れたいと思っていたが、思いもかけずそこで暮らすことになった。

金沢での私の生活は戦争の暗い影のもとではじまった。しかし、東京に比べればまだ心にも物にも余裕があった。翌年の春には妻と長女、次女も移り住み、借家に住むことになった。その辺は武家屋敷が残っている閑静なところだったが、すぐ近くが武蔵ケ辻で、近江町市場には東京ではもう手に入らなくなっていた魚介類や甘い菓子が店にならんでいた。

金沢医科大学精神科は、明治四十二年に松原三郎教授によって創立された伝統のある教室であったが、前任者の早尾教授が病気のために欠勤がちで、助教授がその代行をするような状況だったので、私は新しい教室作りをしなければならなかった。東大の教室から助手として参加してくれた近喰勝世さん（日本医大広瀬名誉教授夫人、故人となった）が中心となってすっかり荒れ果てていた教室の整備の仕事を手伝ってくれた。卒業生の多くは軍隊にとられてしまうので、入局する人はなく、診療にもことかくありさまだった。脳波の研究をするつもりで、赴任の時に購入した電磁オシログラフも研究室に埃をかぶって放置されたままであった。私たちは、患者と教室をまもるのが精いっぱいであった。

　昭和二十年七月十九日夜、私は病棟の裏の防空壕で、患者と一緒に頭の上を飛ぶB二九爆撃機の大編隊の爆音をきき、やがて西の空が真っ赤になるのが望見された。福井の空襲であった。続いて八月一日夜は富山も爆撃にさらされた。街の中心に近い彦三四番町に住む私たちは強制的に疎開させられた。私が終戦の放送を聞いたのは、疎開の荷物をはこびこんだ金沢市郊外林村の農家の庭さきであった。戦争は終わったが、占領下の虚脱が続いた。教室から召集されていた諸君がぼつぼつと軍服を脱いで戻ってき、また、新入局の新人もふえ、活気を帯びるようになったのは昭和二十四年ごろからである。診療とともに研究室での仕事もようやく本格的に行われるようになった。

　大学時代の私の同窓、松沢、東大教室の同僚にも何人もの戦死者がいた。金沢の教室員古明地君も中支で戦死した。教授の職にあった私は召集を免れ、生きながらえることができた。戦争が終わった時、私は亡くなった同僚や後輩の分まで働かなければならないと思った。戦争中、何もできなかっただけに、研究意欲が一気に爆発したような気がする。

　若い新進の諸君が次第に入局してくるようになり、私がかねて計画していた、視床の神経生理学的研究、てんかん発作の研究、精神分裂病の神経薬理学的研究が、研究費も乏しく薬品も

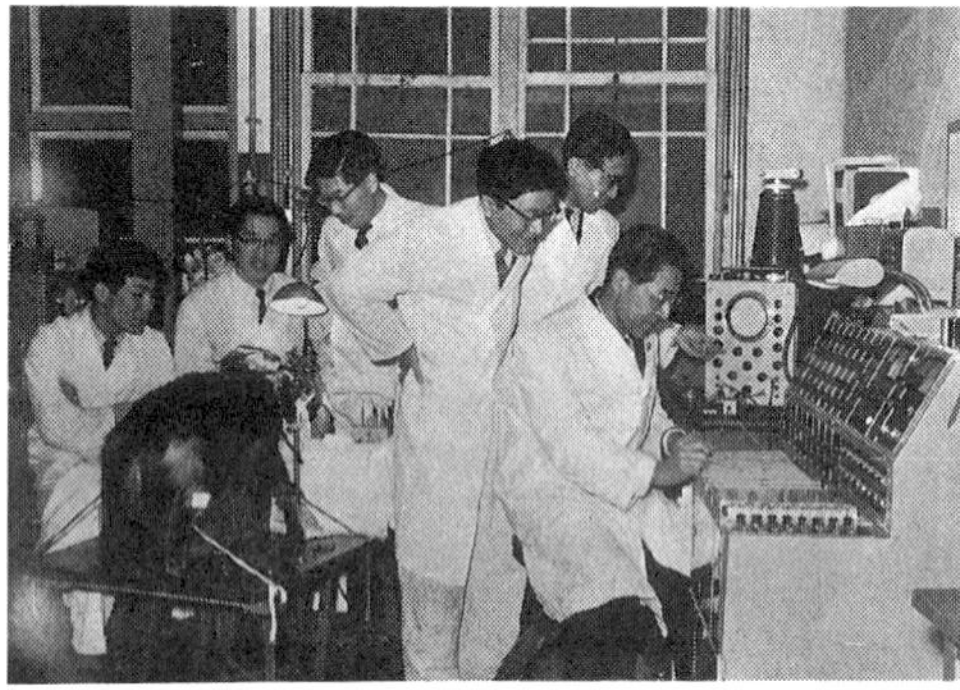
実験てんかんの研究

研究装置も入手の困難な状況のなかで進められた。

患者の診療が終わったあと、夜の時間が実験にあてられた。

この時代の共同研究者のなかから、いま精神医学の第一線で活躍している諸君がでている。金沢は戦後、文化運動が全国にさきがけて、いち早く活発になったところである。文学や哲学の先達を生んだ精神的土壌が金沢に肥沃だからだろう。私も大学の仕事の合間に戦後間もなく結成された金沢文化懇話会に参加して、若い人たちの講演会に顔を出し、話しあったが結構楽しかった。

戦中から戦後の激動の時代をそこで生き、多くの忘れがたい体験をした金沢を離れることなど夢にも思わなかった私だが、昭和三十三年三月、恩師内村祐之教授が定年退官されたあと東大教授の職を継がなければならぬことになった。

昭和三十三年四月四日、私たち一家は金沢を離れた。

23　金沢別離
――金沢を去るの記

昭和十六年の秋、金沢に移り住んで、いつしか十七年の歳月を経た。この土地にも慣れ親しんで、いまさらよそに行こうなどと思ってもいなかったのに、急にこの四月から、私の恩師である内村教授が定年で退職されたあとをお引き受けしなければならぬことになった。金沢を去るに当って何か所感を書くようにとの本紙学芸部I君の求めにしたがって一文を草することにした。

先日、書斎の整理をしていたら以前求められて本紙に寄稿した文章の切抜きを見つけて懐旧の情にたえなかった。それらの文章は終戦後の一、二年、今日ではもはや遠く過ぎ去った昔のことのように思われる、奇妙な一時期に書かれたものである。私自身にとっては、あの敗戦後の混乱期は人間の真実の姿を知るうえに大変役だったものである。人間の魂と肉体のうちにひそんでいる欲望が、制動を失い途方に暮れて頭をもたげ、ぶつかり合い、ひしめき合った異様な風景はたしかに人間探究の得がたい舞台であった。人間の尊厳と卑劣とがあのように白日の下に併立した時代は他に類を見ないだろう。私が金沢で経験した二、三の挿話もまたこの混迷と自己喪失の時代の証人である。

昭和二十二年の冬、有名な力士と棋客を従えて金沢に現われ、たちまちこの地方に多くの信者を作り天変地異の説を唱えて世を騒がした一人の教祖のことが思い出される。私はあのころこのはなはだ奇妙な一団にひどく興味を持ち、その正体を自分の専門の立場から確かめたいと思った。ところが、そのうちに問題は中心人物が異常であるかどうかなどということだけではなく、むしろこのような異様なものを生みだしている社会的背景の側に問題があるのではないかと考えるようになった。私が北国新聞に寄稿したのもそんなことが動機であったにちがいない。いまとなっては〝爾光尊騒動〟もなつかしい思い出である。

思い出といえば、金沢大学創設当時のことも忘れられない。最初は、北陸地方に一つ総合大学をつくろうではないかということではじまったのだが、日本の教育制度を根本的に変えようとする当時の占領軍の意向で一県一大学の方針に屈伏させられたときの残念さはいまもまざまざと思いおこされる。

新制大学の内容が、今日なお十分に整備されないのは、国力を無視した乱造に主要な原因がある。しかし、金沢大学は公平に見て戦後大学としてはもちろんのこと、医学部のごときは従来の総合大学のそれに比べて決して遜色のない立派なものである。また金沢の土地がらからいっても学問をする条件に大変恵まれている。ことに大学の校地は金沢城跡にあって、その環境は教育の場として最適である。大学移転論にも種々の理由があろうが金沢が学都として特色のある存在であろうとするならば、すでにいったんその基礎がすえられ、歴史がはじまっている現在の校地を他に移すような論は当らないと思う。注

注　金沢城跡の金沢大学はその後別の地に移転した。

ドイツの大学で五百年の歴史を持つハイデルベルグおよびフライブルグの大学は、いずれもそれらの町のシンボルとして市民に親しまれ、市民は大学の存在を誇りとしていて、大学が町のなかに溶けこんでいるといった感じである。東京のように大学という名の学校が幾十もあるところでは、大学も一種の企業となりかねない。そんなところで大学と市民の関係などというものがありうるはずがないが、金沢ではそれが可能だと思う。金沢大学がもっと市民に親しまれ、その存在が市民のために役立ち、市民の誇りとなるように私は願ってやまない。

金沢の印象は人さまざまであろう。私にとっては、それは土壁にかこまれた古い屋敷の庭にひっそりと静まりかえっている繊細な蘚苔類のぬれた緑に象徴される。金沢に来た当時は、湿気が気になったが、いまでは、それが私の体質に合ったのであろうか、少しも苦にならない。東京の冬の乾燥した空気でよくカゼをひいたものだが、金沢に住んでからは無病息災であった。ウェットな空気のおかげである。

私は金沢に何か文句をつけてやろうと考えてみたが、正直なところ何もいうことがない。金沢の風土とともに人心もまたほのぼのと温かいことを私は実感しているからである。私は何も捨てぜりふを残さないで金沢を去ることができる。

（北国新聞朝刊、一九五八年四月四日所載）

24 教室を去るにのぞんで

併任の一年間を加えると、昭和十六年十月から今年の三月まで、あしかけ十八年の歳月を金沢の教室ですごしたことになる。私の精神にも肉体にも金沢の教室の一切が深くしみこんでいるような気がする。金沢を去ることなど考えたこともなく、自分のすべてを打ちこんだこの年月の思い出は消えることなく私の脳裡に生きつづける。

在任中をかえりみて私の果たしたことで何一つ誇るにたるようなことはないが、ただ一つ、教室に学ばれたすべての諸君と一対一の関係で心をふれあうことができ、単に仕事の上だけでなく、人間的な心のまじわりを持ち得たことだけは自分でも満足に思っている。私は教室に学ばれた諸君のひとりひとりにそれぞれの特徴を発見し、その特徴を通じて友情のきずなを結ぶことができたことを幸せに思う。それらの個人的交渉の一つ一つが今もなつかしく私の思い出

教室の諸君とともに。昭和34年3月

の中に浮んでくる。

悠久な時の流れのうちでは私の金沢時代などはほんの一瞬にすぎない。時は流れ、人は変わり、やがてはいかなる時代も過去の歴史の一節にくりいれられる時がくる。ただ、私は信ずるのだが、もしある時代を作った者たちが利害や形式だけの関係でなく、心のふれ合いで結びついたのであれば、その時代は有形の業績を残すだけに終わることなく無形の精神的遺産として伝統の形成に役立ちうるであろうと。

私は金沢の精神医学教室が、新しい時代を迎えて学問的業績においてますます発展することを期待するとともに、教室を中心として、同窓各位が教室の精神的伝統をそだてるために一層の協力と団結をかたくせられんことを願うものである。

ここに、同窓各位並びに教室員諸君に、深い感謝と感慨をこめて訣別の挨拶をおくる。

（金沢大学医学部精神医学教室編、秋元教授在職十八年記念教室業績集所載、一九五九年三月）

25　大塚良作君と私

大塚君が急逝してもう三ヵ月をすぎようとしている。それなのに臨終に間にあわなかったこともあって、彼が亡くなったという実感がどうしてもわいてこない。金沢にゆけば、いつものようにあたたかく迎えてくれるような気がしてこの文章を書く筆もしぶりがちである。大塚君の葬儀の時、葬儀委員長の依頼で読むことになっていた弔辞を前夜どうしても書くことができず、霊前で思いつくままに別れの言葉を述べるだけがやっとであった。それも絶句しがちで言葉にならなかったのではないかと思う。その時の気持はいまでも変わらない。大切なものを喪失したという嘆きと悲哀が考えをまとめる心の余裕をまだ与えてくれないようである。

大塚君の死は私にはあまりにも唐突だった。いや、ありていをいうと死がやがて訪れる再帰不能の容態だということは覚悟していたのだが、これほど早くその時がやってこようとは思いもかけなかったのである。遠藤正臣助教授から、大塚君が、なかなかなおらない「胸痛」の原因を調べてもらうために竹田内科に入院したという電話をうけた時、いやな予感がした。それからあとの連絡はこの予感をうらがきするものばかりだった。すぐにでも金沢に出かけたかったが、病気が重いことをさとられるようなことがあってはとの配慮もあってその時機を決めかねていた。その後、制癌剤の効果のためか一時小康を得たということだったので、十月中旬大分市で開かれた国立病院療養所総合医学会の帰途金沢に立ち寄ることにして、九州に出かけた。

十月十七日の夜、学会の会合を終えて宿に戻った私をまっていたのは東京の留守宅からの大塚君の急逝を知らせる電話であった。こんなことなら、もっと早く金沢を訪れるべきだったという口惜しさが胸にこみあげてくることをどうすることもできなかった。すぐ金沢に電話して遠藤助教授から経過をきいた。十六日の午後急に呼吸困難が起こり、竹田教授以下の医師諸君の懸命な手当ての甲斐もなく、午後七時すぎ亡くなったということであった。

翌朝、大分空港発の航空機に幸い席がとれたので、十八日夜の通夜に間にあうように金沢に到着することができた。この金沢駅のプラットフォームで大塚君と今度はてんかん研究会でまた会えるねと手を握って別れたのはつい一カ月半前の九月三日のことである。そして、彼と会うことになっていたてんかん研究会がこの日、十月十八日、箱根湯本で開かれていたのである。

通夜の晩、納棺された大塚君に対面した。先生おさきに、とほほえんででもいるようなやすらかな死顔であった。年甲斐もなく涙があふれ出た。通夜と葬儀が行なわれた金沢市小立野の天徳院は大塚君と因縁の深い禅寺である。学生時代から医局時代を通じて前後十年ほど大塚君はこの寺に寄寓しており、たしか新婚時代もここではじまったのであった。一介の貧乏書生にすぎない彼が旧加賀藩主前田家の菩提寺である名刹にどうして安住するようになったのか、そのいわれを通夜の晩、住職の福島泰忍老師からはじめてきくことができた。

二十数年前のある日、金沢医科大学の学生が訪ねてきてこの寺が気にいったから是非おいてほしいと途方もないことをいいだした、はじめは初対面のくせにおかしな奴だと思ったが、話をしているうちにその若者の気性が気にいってしまい、空いている庫裡の一室を提供する気になったのだという。この臆面もない学生が大塚君であったことはいうまでもない。

通夜の席で聞いた老師と大塚君との出会いは、いかにも彼にふさわしい逸話である。大塚君が天徳院に住むようになったのは、べつに禅の修行をしようと発心したからではないらしい。天徳院の赤松の林に囲まれた静寂の風情に大塚君を魅了するものがあったためであろう。彼の人柄には水墨画のような枯淡のおもむきが若い時からそなわっていたように思う。

大塚君と私とが知り合うようになったのは二十五年前、彼が金沢大学医学部（その頃は金沢医科大学とよばれていた）に入学そうそう、出身校の鳥取高等農林学校某教授の紹介状をもって訪ねてきたのがきっかけであった。神経病理をやりたいから、研究室で学業の余暇勉強させてくれという希望であった。それから卒業するまで毎日のように研究室にやってきて、脳切片の染色を手伝ってくれた。大塚君に限らず、その頃の学生には大学の課程だけではあきたらず、自発的に専門的な研究をやろうとする積極性が旺盛だった。しかし、なかなか長つづきしないことが多かったので、初めのうちは大塚君に特別期待することもなかった。そのうちに彼の熱心さにうたれて、一緒に仕事をまとめて見ようと思うようになった。

松原三郎教授時代に建てられた古びて手狭な木造の研究室で一緒に標本を切りだしたり、湿気の多い金沢でニッスル染色の変色を防ぐのに苦労した頃の学生服姿の大塚君の風貌をつい昨日のことのように思いおこすことができる。人脳オリーブ核の仕事や、その検索に大いに役だったホルツェル染色の佐伯変法の端緒は学生時代の研究生活に始まっている。その頃のよい相棒であった技術員の佐伯峯義君は七十歳をすぎたいまでも、大塚君の懇望で非常勤として研究室で後進の指導にあたっている。先日の葬儀の時の佐伯君の悲しみにみちた表情を忘れることができない。大塚君の死は彼にとって耐えがたいものであったろう。

大塚君が卒業とともに精神科の教室に入局するようになったのは当然至極のなりゆきであった。その頃の教室は十数名の少人数だったから、彼は入局する前から教室員同様の仲間づきあいに入っていたし、臨床の手伝いなどもやっていたからである。大塚君が正式に入局したのはインターンの一年をおえた昭和二十五年である。私が東大に招かれて金沢を去ったのは昭和三十三年だから、金沢の教室で彼と生活をともにしたのは八年にすぎない。しかし、この期間がはるかに長く感じられるのは、それがまったく充実した時間であったからにちがいない。大塚君は私のよき協力者として神経病理から神経生理へと仕事の領域をひろげた。私たちが願ったのは中枢神経系の形態と機能との総合研究であり、そこから精神の理解に迫る道を歩むことであった。求道者のように大塚君がその道をまっしぐらに歩んだことはその後の彼の業績を見れば明白である。神経病理学と神経生理学をともに学び、それらを一方に偏することなく、深め、かつ高めることのできる研究者はきわめてまれである。大塚君はその一人であり、学界の貴重な存在であった。

大塚君との仕事の上での実際の協力は私が金沢を去ることによって断ち切られたのだが、精神的な触れあいはその後一層深まったのではないかと思う。彼と別れてからの歳月のほうが、一緒にいた時間よりもはるかに長いのに、ずうっと一緒だったような気がするのだから不思議である。

ここで、どうしても書いておかねばならぬことがある。内村先生の後任に選ばれた時、私は東大に行くべきかどうか決しかねていた。懊悩の末、大事なことは何でも相談していた当時の助教授の大塚君に、東大は大変なところのようだ、せっかく金沢で落ち着いて勉強できるのに、それにわずか八年しか在職期間がないという東大にはいきたくない、断るから了解してほしい、と話した。その時、大塚君は言下に、先生それは卑怯者、意気地なしのいうことです、先生ならやれると思う、先生が金沢にのこることは絶対に承服できない、といい、私の、あとでまさしく泣きごとだと思った言い分を頑としてききいれなかった。たしかその時大塚君の眼に涙が浮んでいた。私が金沢を去る決心をしたのはその晩のことであった。このことを大塚君はおそらく生涯口にしなかったろう。大塚君という人はそういう人である。大塚君がいなくなったいま、このことを私が生きている限り、想いおこすよすがにするためにも、ここに書いておこうと思う。

大塚君との邂逅で忘れられないのは、一九六一年の夏、たまたまフンボルト研究員として西独フライブルグに滞在中の大塚君としばらく旅行を共にした時のことである。六月初めからモントリオールの世界精神医学会議をふりだしにアメリカ、イギリス、フランスを歩き、八月に西独に入った私は、九月初旬ローマで開かれる国際神経学会と脳波学会までに三週間ほどの休暇ができたので、大塚君と気楽な旅をしたのである。その頃大塚君は、マックスプランク脳研究所のフライブルグ分室でハスラー君の仕事を助けており、後頭葉視領の細胞構築を調べていた。私もその六年ほど前にこの街に住んだことがあるので、案内したり、されたりというわけで旧知の友人を訪ねたり、なじみのガストハウスを食べ歩いたものである。大塚君のいる研究室を訪ねた折り、そこの助手諸君や秘書嬢が彼によくなついているのには感心した。

ウィーン、バーゼル、チューリッヒを経て学会に間にあうようにローマに着いたのが九月初めだった。一緒の宿がとれず、ホテルは別だったが晩飯は大てい一緒だった。ホテルの近くの広場で夜になるとバンドの演奏があり、一杯やりながらそれを聴くのが楽しかった。学会のあ

大塚良作君と。ウイーンの森で

と、留学中のパリから参加していた虎の門病院の栗原雅直君の車に便乗させてもらって南イタリアをナポリまででかけたことも忘れられない想い出である。大塚君はその年の暮元気で帰国した。

大塚君が島薗安雄君の東京医科歯科転任のあとをついで教授になったのは昭和四十三年である。たしかその翌年の金沢学会が荒れて大塚君は随分苦労をした。その時の大塚君の態度は立派であった。大学紛争が流行病のように全国にひろがった時に教授になった大塚君は随分大変だったと思うが、一本筋金の通った人間の真骨頂は混とんの時代にこそその真価を発揮するものらしい。大塚君の存在が金沢大学において高く評価され、多難な時代を迎えてその健在が期待されていただけに惜しまれてならない。

大塚君と最後に会ったのはさきにも書いたように去年の九月初めのことである。金沢を発つ直前に昼食を共にしたが、話が学会のことに及ぶと大塚君は、先生、そんなことはほうっといて、ご自分の体を大事にして長生きして下さいというので、何だ、年より扱いにするなよ、と笑ったものである。大塚君こそ、自分の体をもっと大切にしてもらいたかったとつくづく思う。

いま筆を擱こうとすると、三十年近くにもなる大塚君との触れあいの一こま、一こまが走馬灯のように目に浮んでくる。私の追悼記を書いてくれるはずの大塚君がさきに死んでしまうなんて話があべこべである。葬儀の折り、金沢大学の岡本肇名誉教授は私の手を握って、「めちゃくちゃや」と一言いっただけだった。この一言は何よりもいまの私の気持にぴったりする言葉である。私だけでなく、彼を愛し、信頼し、期待していたすべてのものにとってそうだと思う。

つつしんで、泰徳院大医良顕居士に合掌する。

（「精神医学」第十七巻第三号、一九七五年三月）

26　ノルマンディーの旅

私は金沢大学在任中、昭和三十年から二年間ほど、文部省在外研究員として西独フライブルクに滞在した。金沢で進めてきた視床の研究をそこの大学の臨床神経生理学教室のリヒャルト・ユング教授と共同で研究するためであった。

フライブルクはスイス、フランスとの国境に近いシュワルツワルド南端の古い大学都市である。病理学者のアショフ、哲学者のハイデッガーなどの碩学がでている。私はここにいる間に暇をみつけてはヨーロッパの各地を旅した。

昭和三十一年の夏、ユング教授夫妻に誘われて、私はブリュッセルで開かれる国際生理学会に出席するために、フランスのノルマンディーをまわり、ベルギーに入る自動車旅行を共にすることになった。フライブルクからライン川を渡ると、約一時間でアルザスの中心ストラスブールにつく。地方色豊かな牧歌的な町である。中世紀風の古い建物が並んでいる小パリとよぶ川岸の通りや、訛りのひどいドイツ語のきこえる、ミュンスターの裏のごみごみした小さい店のたち並んだ小路など、つい目と鼻のさきのフライブルクのとり澄ました清潔さとは異なった何か庶民的な親しさを感じさせるものを多分にもったこの町の風情が好きで、私は度々ここを訪れたものである。私たちは昼食用の食料を買いこんで、町はずれの林の中で簡単な食事をとった。

最初の夜は、パリに近い名も知らぬ小さい町の安ホテルに泊まり、翌朝セーヌの上流をわたってシャルトルの町を訪れた。十二世紀に建てられたカセドラルはゴチック建築の典型として、パリのノートルダムと並んで有名である。ここからノルマンディーの海岸まで、数時間の行程である。広い沃野が視界いっぱいに広がり、はてしなく小麦畑と牧場がつづく。明るい空を背景に地平線を画して寺院の尖塔がそびえ、それを仰ぐようにして建物のシルエットが集まっている。ヨーロッパの古い村や町が教会とそれをとりまく広場を中心にできあがったことを、ノルマンディーの沃野にやってきて痛切に実感することができた。このような風土の構造は、おそらくヨーロッパ的人間像の基底を形成しているにちがいない。見はるかす草原を貫いてのびる道を私たちの車は疾走した。

ルーアン、ケーン、アミアンなどのノルマンディーの古い町々を訪ねた後、ようやくイギリス海峡にのぞむ保養地トルービルに着いたのは午後十時近かった。ここのレストランで食べた魚料理の美味は忘れられない。宿はどこにも空き部屋がなく、やっと探しあてたのは素人で部屋貸しをする家の一室であった。海辺が近いことは、一晩中波の音がきこえたので知ることができたが、朝おきて部屋の窓から眺めると、白い岩の断崖が入江の向こうに見えて大きな波がはげしく打ちよせている。のどかな陸地の田園風景と著しい対比を形づくっている。崖をおりて海岸に出てみると海水浴風景が見られるが、海の水は冷たく、温かい海水になれた私には到底海に入る気持ちにはなれない。

このあたりは、第二次大戦当時、ドイツ軍のイギリス攻撃の根拠地であったということで、海岸のところどころに砲台の跡らしい巨大なベトン陣地の残骸が残っていた。翌日、付近のノルマンディーの古都を訪れ、アミアン、リールを経由してベルギーに入った。ノルマンディーからベルギーに入ると、何かスケールが小さくなったような感じだが、万事小きれいで清潔で

ノルマンディーの旅でのスナップ、昭和31年夏。
ユング教授夫妻と

ある。国境をこえて二時間ほどでブリュッセルに着いたが、私たちは首都から東へ三十分ほどのところにあるルーバンに宿をとることになっていたので、ブリュッセルの市街を通り抜けてここに直行した。

ルーバンは、人口八万ほどの町だが、ヨーロッパでも古い歴史の大学があり、カトリック神学の中心でもある。大学都市にふさわしい落ち着いた典雅な町である。学会参加者の宿舎もブリュッセルだけでは不十分なので、この町に泊まる者も多かった。私たちが泊まったのは学生会館であったが、建物も新しく、部屋の設備もぜいたくではないがよく整っていて、住み心地は悪くなかった。宿泊者のほとんど全部が学会の出席者だったので、いろいろな国の研究者と話し合う機会ができて楽しい思い出もたくさん生まれた。

ルーバンからブリュッセルの学会会場へ一週間毎日かよったが、いまは学会の印象はうすれ、ノルマンディーの風景や、もう名前も思い出せないゆきずりに話をかわした人物の風貌だけがいつまでも記憶にのこっている。夏になるとノルマンディーの白い断崖と泡だつ波浪が目に浮かんでくる。

27　草の中、ベルガーの墓

イエナガラスで知られる東ドイツの古都イエナを訪れたのは、一九五六年六月、難波益之君（岐阜大学名誉教授）と一緒にライプチヒの東独精神神経学会に出席した帰りであった。かねて、私は脳波の発見者であるハンス・ベルガーがその研究に没頭したイエナの精神科クリニックを訪れたいと思っていたが、その願いがかなえられたのは、ライプチヒの学会でベルガーの後継者であるルドルフ・レムケ教授に会い、彼がイエナ訪問について大変便宜をはかってくれたからである。

東ドイツの正式の国名はドイツ民主共和国で第二次世界大戦でヒトラードイツが敗北すると、東西ドイツに分割され、ライプチヒやイエナは東ドイツに属していたのである。私たちが訪れた当時は西ドイツに比べて経済状態が悪く、ソ連に追随する勢力と西ドイツとの統一を望む人たちとの軋轢が潜在して国情も不安定だった。驚いたことに食料、衣類などは配給制で、戦争はまだ終わっていないような錯覚を覚えたものである。当時極めて困難と思われていた東西両ドイツの統一が、ベルリンの壁の崩壊に象徴されるように、冷戦の終結にともなって一九九〇年十月、ついに実現した。

私たちが訪れた当時はわが国との国交がなかったから東独に入る手続きが厄介な上に、たとえ入国が許可されても滞在地および滞在期間が指定されるから、東独内をどこでも自由に旅行するという訳にはいかなかった。ちょうど西独フライブルクに滞在中であった私は、ライプチヒ脳波研究所のヴンシャー教授の骨折でライプチヒで開かれた東独精神神経学会に出席するという理由で、東独当局から入国許可を得ることができたのである。

フランクフルトからライプチヒに直行する鉄道が、東西両ドイツを結んでいる数少ないルートの一つである。国境での東独側の検閲は、ドイツ人に対しては厳重を極めたが、日本人には友好的で、スーツケースをちょっとのぞいただけで通過することができた。東西ドイツの断絶が厳しいことを現実に見る思いだった。

ライプチヒの学会でレムケ教授に依頼しておいたので、簡単にイエナ行きの許可がもらえた。途中ハッレの街を見てイエナに着いた。レムケ教授は駅までわざわざ迎えにきてくれ、すぐにクリニックに案内された。幸い爆撃を免れたということで、広い庭に囲まれた中世紀のシュロス（城）を思わせる建物である。設備も立派であった。レムケ教授の好意でクリニックの中の

ハンス・ベルガー

一室を宿舎に提供された。

　私の訪問の目的は、ベルガーが仕事をした研究室を見ることであったが、戦争中に研究装置が疎開したまま散逸してしまったということで、ベルガーが一九二八年にはじめて試作した装置で描記した脳波のレコードの一部が保存されている外には、彼を偲ぶものはほとんど残っていなかった。レムケ教授に散逸した記録類を集めてベルガー記念室を作ることを勧めたところ、その考えは前から持っているのだが、まだ実現しない、近い将来にぜひ作りたいといっていた。レムケ教授のところで脳波を専門にやっていたのはヴェント君という若い助手であった。脳波発祥の地であるイエナの研究室を盛んにしたいと意気込んでいた。しかし、この教室もスタッフの不足

ベルガーの墓

を嘆いていた。

ベルガーの墓は教室に隣接するフリードホーフ（霊園）にあるということで、ヴェント君に案内してもらった。静かな木立の中にこけむした墓石が一基、訪れる人もないと見えて、あたりは一面の雑草で、ヴェント君も探すのに一苦労であった。ベルガーがドイツではその業績が認められないばかりか、やがてナチスによって大学を追放され、不遇のうちに自殺したことはあまり知られていない。

イエナを去る日の前夜、レムケ教授の自宅に招待された。彼の家はイエナの旧家だということで、街の中心に近いアルトスタット（旧市街）の貯水塔のほとりにある白壁の塀に囲まれた広い邸であった。美しい草花が咲いている庭で、夫人心づくしの夕食とワインの歓待を受けた。レムケ教授は痩身温和な人柄で、物静かににじゅんじゅんと説くといった話し振りの人である。夫人はまだ若く、才気煥発でレムケ教授とは好対照であった。庭で夕食を済ませてから、彼の書斎で十一時過ぎまで話し込んでしまった。

ドイツ滞在を終えて帰国した翌年十一月、レムケ夫人から夫君ルドルフの急逝を伝える通知に接した。短い出会いではあったが、レムケは私の忘れ得ぬ人物の一人として記憶に残っている。今でも私は時折レムケ教授夫妻とあの古風な塔のある白壁の家を思い起こすことがある。

28　東大八年

私が東京大学医学部教授として在職したのは、昭和三十三年から昭和四十一年までの八年間である。東京大学教授の定年は、慣例により満六十歳で、わが国に数多い大学のなかで最も若い退職の年齢である。私はかねがね働き盛りのすぐれた同僚教授が定年で去っていくのを送るたびに、東大のためにもっと働いてもらいたいと思ったものだが、いま考えてみると、大学では出来なかったことを私なりに多少はやれたのは、「早すぎる」という声のある東大定年申し合わせのおかげだと思う。

私が教授として八年をすごした精神医学教室は、昔外来医長として働いた昭和十二年の頃と全く同じ規模のせまくるしいところであった。龍岡門を入ってしばらく行くと右側に三階建ての赤煉瓦の建物がある。このなかには当時、耳鼻咽喉科、整形外科が同居していたが、精神科は最も条件の悪い半地下におかれていた。金沢大学精神科の教室も、いまはすっかり立派になっ

東大精神医学教室のある赤れんが棟

たが、私の頃は古い木造の建物であった。しかし、それでも東大に比べれば、まだ研究室が広く、病床数も多かった。

私が外来医長であった頃の教室員は、十人ぐらいだったが、戦後、精神医学を志望する若い医師が増加して、私が着任した当時、すでに百人に近い大世帯で、教室員の名前を覚えるのが一仕事であった。このように昔と比べものにならないほど教室が大世帯になったにもかかわらず、そのいれものが旧態のままで、人口過密となり、一つの机を何人もの教室員が共同使用するというありさまだった。

このような劣悪な物理的条件にもまして問題だったのは、医学教育の制度上の欠陥である。それは、明治以来の講座制が医学の発展に対応できなくなったのに、依然としていまも国立大

教授室で

学に君臨しているという事情に由来する。おそらく現在でもわが国のほとんどすべての大学の精神科は一講座、すなわち一人の教授しか持っていないだろう。だが、精神医学の範囲は非常に広くなっており、多くの専門領域に分化している。精神医学の教育も、それらを網羅するものでなくてはならない。私は自分の教授時代を顧みて、幸い当時の教室には私の足りないところを補ってくれる優秀なスタッフがいたからこそ、若い人たちを教育できたことを感謝しないではおられない。

　現在は卒業後の臨床研修を行う病院が大学の他にもできたが、優秀な医師の養成は依然として大学の重要な使命である。そればかりではなく、医学部学生のためにも教育スタッフの充実が大切である。基礎医学にしろ、臨床医学にしろ、専門学科の分化にふさわしい教育要員の配置を必要としている。医科大学の増設だけでは医師養成はできない。医学教育制度の改革、特に講座制の検討が望まれる。

私が東大教授時代に、これではいけないと思ったことのもう一つは、無給医局員の問題である。これはやがて一九六〇年代後半から一九七〇年代にかけて全国の大学を震憾させた全共闘の闘争の発端だった。東大精神科では私が着任した時、月給をもらっているのは教授以下の教官十人内外と、ごくわずかだけれども給費を受ける何人かの大学院生だけであとはすべて無給であった。彼らは、精神医学を学びたいために、有給の席がないのに教室に入ってくる。その中には、学位のためという人もいたかもしれないが、昔とちがって、その頃から、学位には実用価値は無くなっていた。ほとんどすべての若い諸君は、勉強したい一心で入局した。臨床はもちろんだが、精神医学の領域では未解決の問題が山ほどある。それを明らかにするためには、研究室の実験的研究が必要である。すぐには結果が出ないような研究の積みかさねが、やがて臨床に役だち、治療の進歩に貢献する。当時の共同研究者の諸君は、いまさまざまな分野で指導的地位にあって活躍しているが、若い頃のあのうすぎたない研究室とそこでの徹夜の実験をどのような感慨をもって追想するだろうか。

私は大学医学部の診療と研究が無給医局員によって支えられている現実を早急に改めなければならないと思い、たまたま東大附属病院長で、全国国立大学病院長会議の議長でもあったので、このことに多少の努力をすることができた。私が東大を去った昭和四十一年に、医師法の改正が行われ、臨床研修制度が発足した。これによって医師になるための修業をアルバイトを

最終講義。昭和41年３月10日、東大医学部大講堂にて

しなくてもできるようになったのは、確かに大きな進歩である。しかし、はじめに書いた講座制はそのままだし、専門医としての研修や資格認定の問題は放置されたままである。さらに、研究者養成のための大学院制度にも問題があるように思われる。

　私の東大教授としての最終講義は、昭和四十一年三月十日、医学部大講堂で行われた。そのテーマは、「精神医学はいかにあるべきか」であったが、それは私の解答ではなく、新しい遍歴の旅路のはじまりでもあった。

29　残された日々、前向いて

私は東大を辞める時、これで公職には終止符を打ち、もっと自由に、自分のやりたいことをやろうと考えていた。ところが、私の松沢病院時代の副院長で、初代の国立武蔵療養所長であった関根真一さんから、自分のあとをやってほしいという懇請があり、また厚生省でも、この施設を国の基幹精神療養所として発展させる計画だから協力してほしいということだったので、引きうけることになった。国立武蔵療養所は昭和十五年に、当時の軍事保護院が設立した傷痍軍人のための精神療養所の一つだが、戦後厚生省に移管され、一般市民の治療施設として運営されるようになったものである。東京都の西郊小平市と東村山市にまたがる七万坪の広い敷地は、いま診療棟、病棟、神経センターの研究棟などの明るい、近代的な建物が立ちならんで狭いくらいだが、私が赴任した頃は傷痍軍人療養所時代の兵舎風の古びた木造病舎やうす汚い本館が使われていた。

院長室の窓も風が吹くとガラス戸が音をたててゆれた。しかし、武蔵野の面影は所内のあちこちに見られる櫟林に色濃く残っていた。私は着任そうそう、これまで国がないがしろにしてきた精神障害者のための国立医療施設を充実させ、これまでの入院中心から社会復帰に重点をおいたやりかたに発展させるための改革に着手した。

これは困難ではあったがやりがいのある仕事であった。後に私が深くかかわりをもつようになった、小平地域の保健婦やケースワーカーの人たち、障害者の生活と権利をまもるための運動に挺身するボランティアの若者たちを知ったのも、武蔵ではじめた患者の社会復帰が、地域の活動との連帯がなくては実現が困難なことを実感したからである。国立武蔵療養所を精神障害者の治療・研究のための国の基幹施設とする計画は、その後さらに発展して、精神遅滞および神経・筋疾患を包含するようになり、私が武蔵を去った翌年、その一部が神経センターとして発足した。これまで皆無であった精神・神経疾患の治療と研究のための国立機関がおそまきながら生まれたことは画期的な出来事だが、一日も早くいま千葉県国府台におかれている国立精神衛生研究所を統合して、名実ともに、国立精神神経センターとしての内容をそなえ、わが国の多くの難病の人たちを援助す

武蔵所長室で

ることができるようになることが私の念願である。

私は精神神経センターの発足を目前にして武蔵を去った。武蔵は私の終着駅だと思っていたから、あとは地域の障害者運動のために若い人たちの驥尾に付して働くつもりであった。自分自身が重い脊髄前角炎の後遺症のために幼時から四肢の自由を失いながら、知恵おくれの子供たちのための作業所作りにとりくんでいる本家慶昭君たちと、「地域医療福祉総合研究所」を小平市に作り、その手始めに相談事業部を開設したのは武蔵をやめた翌年昭和五十一年夏であった。その活動が軌道に乗ろうとしている矢先、思いもかけず松沢病院長就任の話がもちあがった。前にも書いたように、松沢病院は昔私がかけだしの精神科医であった頃、恩師の内村院長のもとで病院精神医学の勉強をしたところである。それよりももっと私にとって大切なことは、この病院が東京大学精神医学教室の源流だということである。東京大学精神医学教室は、明治十九年に開講となったわが国最古の教室だが、それは本郷の東大キャンパスではなく、松沢病院の前身である小石川巣鴨にあった東京府癲狂院（後に巣鴨病院となる）の中だったのである。

それ以来、昭和二十四年内村院長の時代に占領軍の示唆で、東大教授の院長兼任が禁止されるまで、歴代の東大教授は同時に松沢病院長であり、東大精神医学教室と松沢病院は一心同体の関係にあった。だから、私も東大教授だった時、禁止令がなければ院長をやらなければならなかったかもしれないのである。

松沢病院創立百年記念式典

このような東大教室と深い関係にあった松沢病院は、昭和四十年代に入って、大学紛争、それにつづく精神科医療の混乱にまきこまれ、とくに昭和五十二年、院長が辞任したあと、後任をひきうける人がいないという危機的状況がつづいた。当時の新聞は「都立松沢病院院長不在二度目の新年　火中の栗拾えぬ　長びく紛争敬遠、なり手なし」という大見出しで報道した（昭和五十四年一月四日付、朝日新聞夕刊）。

昭和五十四年十一月七日は、ちょうど松沢病院創立百年の記念にあたっていた。私が東京都の要請にこたえなければならないと決心したのは院長不在のまま、東大精神医学教室の源流でもある松沢病院を放置することは許されないと考えたからである。私が院長に就任したのは松沢病院創立百年記念式典の日の直前十一月一日であった。全職員の協力を得て式典を盛大に挙行することができた。

私の松沢病院の在任期間は昭和五十八年八月末までの四年たらずであったが、かなりの荒療治をやり、松沢建て直しの見通しをつけることができたと自負している。松沢病院の将来構想も設定された。その実現がこれからの課題である。

これで私はようやく私の終着駅に到着することができそうである。私の精神医学遍歴の旅路はそろそろ終わりである。私の今願うのは、残された日々を、回顧ではなく前進のために使いたいということである。

(「来し方の記」は昭和五八年(一九八三年)四月から五月にかけて信濃毎日新聞に21回にわたって連載した「精神医学遍歴の旅路」に、11、16、18、19、21、23、24、25の八篇を加えたものである。これらの文章は多少加筆したが、大部分は執筆当時のままである。それぞれの時代の回顧としてお読み頂きたい。)

第二章　日記から

1　私と日記帳

それまで私には日記をつける習慣がなかった。二十年ほど前、西独のフライブルグに滞在していたころ、外国の風物や人情がもの珍しくて、それらの印象を毎日書きとめるようになった。それから今日まで、一日のおもな出来ごとや感想を覚えがき程度に書く習慣がつづいている。

はじめのころは大学ノートを使っていたが、段々ものぐさになり、ここ十年、ある医学図書の出版社からもらうポケット日記帳を愛用している。机のひきだしのなかにしまいこんだままになっていた古い日記帳を取りだして拾い読みして見た。一番克明に書いてあるのはフライブルグ時代の日記である。一九五六年六月二十八日の日記には、数日前にでかけたウィーンの旅から、その日の午後戻り、宿の家族と市立オペラ劇場でイプセンのペール・ギュントを観たことが書かれている。

ウィーンにでかけたのは、そこのハンガリー大使館で入国のビザをもらうためだったのだが、研究室の同僚であったペーチェ（ハンガリーの古都）のメーライ君の招待状があったにもかかわらず、さっぱり埒（らち）があかないので、あきらめて帰ってきたのである。日記にはその交渉で不愉快な思いをしたことが書いてある。国交が結ばれ、入国が容易になったいまでは想像もつかない昔話である。

フライブルグは人口数万の小ぢんまりした大学都市だが、専属の歌手と楽団をもつオペラ劇場があり、西独でも水準の高いことで知られていた。大学の研究室に籍があると学生なみの割引があり、日本のことを考えてうらやましく思ったものである。

記憶から消えてしまった過去をよび起こしたくなった時、またこの古びたほこりだらけの日記帳をひきだしから取りだすことにしよう。

2 葦かび

葦かびは古事記、上の巻の冒頭にでてくる古語で、葦の芽のことだという。千種千鶴子さん（武蔵療養所の短歌くらぶ、むさし歌壇の指導者）のうけうりである。これはむさし歌壇が生んだ歌人三人の作品をのせた歌集の標題である。この歌集は療養所の作業療法部で、仲間の諸君が印刷し、製本して作りあげた手作りの本である。

作者はいずれも、心の病気という重荷を担いながら、長い療養生活を続けてきた人たちである。病歴には、さまざまな精神症状が記され、診断が下されている。しかし、この歌集に表現された心情は医学的に記述された〝患者〟の像からはおよそ程遠い、繊細で、生き生きとした息吹を感じさせる。

この本のなかには人の心を動かさないではおかない秀歌が多く納められているが、T・K君の短歌二首しか紹介できないのは残念である。

放心の砂鉄磁石に吸はるごと脳院に向ひ患者われ帰る
強制退所でもいゝから放り出されて見たい街森の外の街

作者は療養生活十一年の後、全快して退院し、いま、夢に見たであろう「森の外の街」で元気に働いている。

苛酷な運命のもとにあって、詩歌や小説を作るのは、この運命と対決する抵抗の試みであり、それを可能にするのは強靭（きょうじん）で健康な心である。この本を座右におく所以である。

3　死を選ぶ権利

先日出版された「死を選ぶ権利」（ハイフェッツ、マンゲル共著、太田典礼他訳、金沢文庫）を興味深く読んだ。しかし、この論旨には納得がゆかないところがある。

人間はだれしも一日でも長く生きたいと願う。それが大多数の人々の正常な心情だろう。しかし、特別な場合には、死にたいと思うこともある。それは多くは絶望、病苦、貧困、その他、生きることを困難にする状況に当面した時である。格別な動機がなくても、うつ病やある種の幻覚をもつ分裂病の人が死を欲する（というより死に追いやられる）こともまれでない。

そんな時、人間は自殺するか、それをする力がないと、他人の手で、しかも苦しまないで死にたいと思う。精神科の医師や看護婦は自殺を考えたり、すきを見て自殺しようとしたりする病人に悩まされることが多い。そのような時、医療者は何とかして自殺をやめさせたいと努力する。

精神に病気があろうとなかろうと、一体人間に〝死を選ぶ権利〟などというものがあるのだろうか。もし、流れに身を投げて溺れようとする人を見た時、その人は、〝死を選ぶ権利〟を履行しているのだといって放置しておくだろうか。普通の人なら〝権利〟かどうか考えるまでもなく救助しようとするにちがいない。

権利とは義務と表裏一体の概念である。生きる権利の主張の背後には生きることによって生ずる義務が存在する。〝死を選ぶ権利〟にはどんな義務が伴いうるのだろうか。死ぬことによってどんな義務が果たせるというのだろうか。自殺の後始末で、まわりの人たちに迷惑をかけるのがおちではないか。

〝死を選ぶ権利〟の主張は自殺の肯定につながり、ひいては近ごろ問題になっている〝安楽死〟を是認することになる。私は〝安楽死〟という言葉をきくと、ナチス体制下のドイツで、生きるに値しない不治の病人として、ガス室や毒物の注射（〝恵みのある死〟〝Gnadentod〟といわれた）によって抹殺（まっさつ）された多くの老人や心身障害者の人たちのことを思わないわけにはいかない。

4　医療と福祉の谷間

決して目あたらしい問題ではないけれども、医療と福祉の谷間にはいまもって橋が架けられていない。知恵おくれの人たちや心身の健康を損ねた老人の多くが医療と福祉の谷間におきざりにされたままである。

わが国に独特な用語に「重症心身障害」というものがある。これは精神障害（おもに知恵おくれ）と身体障害（おもに運動麻痺＝まひ）の二重の障害をかねた状態をいい、医学的には原因を異にするさまざまな疾患がそのうちに含まれている。このいわゆる〝重心〟については国の特別な配慮が払われ、全国に数千床に及ぶ医療費公費負担のベッドが用意されている。

このこと自体は結構なことにちがいないが、この基準に合致しない、知恵おくれの人たち、つまり、運動麻痺はないが、情緒障害があり、動きがはげしく行動の制御が乏しいなどの、障害をもっている人たちはこの〝恩恵〟に浴することができない。それらの人たちは重度精神薄弱ということで、福祉施設が療育をひきうける建前になっている。しかし福祉施設では医療スタッフを欠くところが多いし、その多くが人手不足で難渋している現状ではこの建前を実行することは、しょせん無理な話である。

老人についても同じような問題がある。わが国では老人に必要な医療の専門施設が極端に不足しているだけに、問題は一層深刻である。「重症心身障害」は児童だけではない。脳血管障害や老年期に特有の脳萎縮などで、文字通り「重症心身障害」を来している人たちが多い。しかしこの人たちは医療行政上「重症心身障害」とは認められていない。この人たちもまた、医療と福祉の谷間にうずもれたままである。

国と自治体は、医療と福祉の分断行政をやめること、さらにはリハビリテーションをも含めた心身障害者のための医療と福祉の総合機関を地域の中に建設していくことが急務である。

5 マドリッドの警官

外国の旅には忘れられない思い出が多い。この話もその一つである。一九五六年九月、フライブルグの研究室での仕事をすませた私は、かねて約束してあった、旧知の精神医学者ロペス・イボール教授と会うためにマドリッドを訪れた。郊外のバラハス空港からバスで市内のターミナルに着いたのは夜も大分遅いころだった。早速タクシーをつかまえたが、言葉が通じないのでホテルの名とアドレスを書いた紙きれを見せると、若い運転手は頷（うなず）いて走り出した。三十分もかかってホテルにつき、料金はたしか二百ペセタ、当時のレートで五ドルくらいだった。法外の料金である。

どうもおかしいと、フロントできくと、何のことはない、ターミナルはつい目と鼻の先である。これは一杯くわされたと腹がたった。フロントで道をきき、運転手を探すつもりで、ターミナルにでかけた。歩いても十分とはかからない。車は二、三台しかなく、例の運転手は見あたらなかった。

あきらめて帰ろうとすると、入り口のところに白いヘルメットを被った、いかめしい顔つきの中年の警官が目にとまった。ためしに英語で話しかけてみると返事が返ってきた。いんちき運転手の横行はマドリッドの恥ではないかといってやると、彼は腕を組み、考えていたが、一日、二日待ってくれ、捕まえて連絡すると約束した。

翌日、イボール夫妻から昼食に招待された。豪壮な邸宅で、わが国のおおかたの大学教授とはケタちがいなのに唖然（あぜん）とした。金持ちの患者を診ることが多いからだろうと思った。昨夜の話をすると、こっちではそんなことは珍しくない、とてもつかまるまいということだった。

ところが、三日目の夜、あのターミナルの警官が運転手を連れてホテルに私を訪ねてきたのである。そして、運転手に料金を返さすから勘弁してやってくれということだった。あくる朝、マドリッドをたってリスボンに向かった。ターミナルで礼を述べようと警官を探したが見つけることができなかった。

あのころスペインに君臨したフランコ独裁政権は打倒されて民主化が進んでいるということだが、私が経験したマドリッドの警官の話は現在のスペインで、果たして昔話になっているのだろうか。

6 音楽祭

音楽祭といっても専門家の集まりのことではない。私のつとめている国立武蔵療養所での話である。先日、その催しがくぬぎ林に囲まれた体育館で行われた。もう大分古くなったので床板がところどころ朽ちてつぎはぎがしてあるが、その日の舞台は季節の花々で美しく飾られ、照明もあざやかであった。

病棟単位の合唱グループがかわるがわる舞台にのぼって自分たちの選んだ歌を披露する。病状のためにでてこられない少数の人たちを除いて、入院している大部分の患者諸君が会場に集まってきて、なかなかの盛況である。古い歌、新しい歌、演歌が出るかと思うと歌曲がありプログラムは多彩である。一曲ごとに大喝采がおこる。

舞台の下に設けた講評者の席に何人かの〝批評家〟が座っていて、高木東六さんや神津善行さん顔まけのつぼを押さえた発言がとびだす。寝そべって舞台には関心がなさそうに見える人もいるが、大部分の人たちはじっとききほれていたり、リズムに合わせて体で拍子をとったりして、歌にすっかりとけこんでいることがわかる。

患者諸君の歌をきいていて、私が感動するのは、歌っている時の表情である。彼らのなかには、「お腹のなかに神様がいる」と思っていたり、いつも「神様の声」をきいたりしている人がいるはずなのだが、その表情のなんと美しく、健康であることか。病んでいる心の底にある健康なところが歌うことによって触発されるのだ、とそんな風にも思ってみるのである。

音楽祭で患者諸君が私たちを感動させるように歌うことができるのは、作曲の松浦三郎さん、声楽の山井佳代子さん、それに若いお弟子さんたちのおかげである。この方たちはボランティア（奉仕活動家）として音楽教室をひきうけて下さっている。

心の病気の治療には理屈よりも情緒のコミュニケーションを円滑にすることが役に立つ。人間の情緒に訴える音楽が心の病気の治療に用いられるのはそのためである。

わが国では普及の遅れているボランティア活動は、病院の閉鎖性をうち破り、社会との交流を深めるために大変必要である。これからもっと活発になってほしいと思う。

7　医師免許返納

脳神経外科医の塩月正雄さんが、医師免許を返納したことを新聞で読んだ。わが国では珍しい、医師集団の総合医療を意図して、東京メディカル・センターを作り、情熱を傾けていたころの塩月さんを知っている私は驚いたが、新聞の談話を読んでいるうちに、彼の主張こそ、まことに〝正当〟だと思うようになった。私がそう思ったのは、新聞に、「正当な理由もなく、自ら医師免許を返上する人はいまだかつてなかったというので厚生省当局が一驚した」と書いてあったからである。

私は医療の荒廃に抗議して、医師であることをやめた塩月さんに拍手を送りたい気持ちになると同時に、医師をやめても、好きなことをやっていける彼がうらやましくなった。医師の多くは医を仁術として施すというよりは、生活の糧を得るための職業として選んでいるのだから、医道が退廃したことを憤ったとしても、塩月さんの志をついで、医師免許の返納を実行する勇士がこれからあとでてくるとは思われない。

「お前はどうするか」ときかれたら、こう答えるだろう。塩月さんの医師免許返納の理由は全く正当で同感だ。わが国の医療の状況には、論議の余地のないほど、病弊がしみこんでいて、このままでは病勢は進行する一方だろう。今後医療関係者の独善ではない、もっと広い社会的基盤にたった医療改革が必要である。

しかし、それがいま実現しそうにないからといって医師は、診療の手を休めるわけにはいかない。そこに患者がいるからであり、そもそも医師は患者のために存在するのだから。

8　酒に狂う

〝百薬の長〟とまではいかないが、適量という条件さえ守れるなら、酒には世知辛い浮世の憂さを忘れさせ、人間同士のつきあいを円満にする効能があることは否定できない。

しかし、診察室や病室でアルコール中毒の人たちに接してみると酒害の恐ろしさを改めて痛感させられる。入院して治療をうけ、せっかく健康を取り戻して退院したかと思うと、じきにまた深酒をするようになって病院に逆戻りする人が少なくない。

いまでも忘れられないのは酒乱の父をもつ兄弟が、父からしょっちゅう暴行されるので、生傷を絶やしたことのない母に同情し、泥酔して寝込んでいる父を殺害した二十年前の事件である。私はこの兄弟の精神鑑定をさせられたが、二人とも真面目で、親思いの、善良な若者だった。裁判では「尊属殺人」ということで二人に長期刑が科せられた。

その時、私は、この悲劇が起きたのは、酒に狂った人とその家族に対するまわりの社会の援助が欠けているためだと思ったものである。二十年前と違って、いまではアル中の人たちに対する治療や社会の援助の仕組みが発達していることは確かである。全国断酒連盟はアル中から立ち直った人たちと家族が一緒になって、「社会的治療」と酒害啓もうをおこなっている全国組織であるし、アルコホーリクス・アノニマスはわが国にもその支部がおかれ、集団療法によって治療に貢献している。

しかし、わが国のアル中対策はまだ外国に比べて著しく遅れている。だから酒に狂う人たちの多くが見すてられたままである。酒からあがる税金をアル中の治療と救済に使うのは当然だろう。

9　頭医者事始後日譚

加賀乙彦の『頭医者事始』によると「精神科は大学病院の端っこに位置する赤煉瓦の建物の

半地下にあった」と書いてある。その精神科教室で、私はしばらく、この小説の主人公古義と一緒に精神医学の臨床を学んだことがあり、その頃のことが想いだされて、何か感慨を述べたくなった。

ここに登場する人物は作者が空想のなかで創作した、いわば虚像なのだが、モデルと思われる人物の戯画が実に巧みで、読みながら笑いをかみころすのに骨が折れる。古義とその周辺の人物との交流には暖かい人間味の横溢がある。犯罪学の師、益田助教授と深夜、研究所の二階から真田紐を伝って降りる話、秀才で理論家の中折助手が分裂病で倒れる話、など。

古義がそのなかで、頭医者の修業をした、赤煉瓦の建物は昔のままである。変わったといえば、蒸気の無駄づかいだと古義を憤慨させた玄関脇の鉄管が修理されて、蒸気が吹きでるのがやんだことぐらいだろう。古義に案内を頼めば、「皺くちゃの白衣を着た太った古猫みたいな婦長」と、「白いエプロンの痩せて小柄な干乾しみたいな医局掛りの婆さん」が話しこんでいる医局や、医局長の成神たちと医局改革の議論に熱中した研究室にすぐにでも入っていけそうな気がする。

つい先日、精神医学史の隠れた研究家Y・S君が「赤煉瓦の二階に勇敢にも入り込み、榊先生（東大精神医学教室の初代教授）の胸像の碑文を拓本にとってきた」と嬉しそうに書いてよこした。彼も半地下に公然とは入れなかったらしい。

この小説は「ふたたび春は巡り来る」ところで終わっているが、赤煉瓦の半地下に春が訪れるのはまだ先のようである。その時が来たら、作者はさらに面白い、この小説の後日譚を書いてくれるにちがいない。

10　看護婦と看護士

看護士のM君がN療養所の看護長として赴任することになり、先日、送別の昼食会に私も招かれた。一般にはあまりなじみがないかも知れないが、病人の看護には女性だけでなく男性も従事している。男性の看護者が看護士であり、看護婦と同様の教育を受け、国家試験に合格すると看護士の免許が与えられる。看護士の職場はこれまで主に精神科医療機関に限られていたが、最近では、一般病院でも彼らを必要とするようになった。

M君の赴任先も精神療養所ではない。そこは筋ジストロフィーという、治療に決め手のない病気の人たちの国立専門施設の一つである。M君には、これまでの精神科看護の経験を存分に活用して患者さんの伴侶になってもらいたいと希望を述べておいた。いまの医学では〝宿命的〟としかいいようのないこの病気の人たちには、精神的な支えが何より必要である。体の病気しか扱ったことのない医療者には、病をもつ人たちの精神面への配慮が乏しいきらいがある。

看護といえば〝白衣の天使〟で象徴される看護婦しか思い浮かばないのが一般の常識である。医療の現場でもこれまで看護士は看護婦の補佐役にすぎず、病院によると看護夫とか看護人とかの前時代的名称が用いられ、せいぜい〝狂躁病棟〟の用心棒としてしか評価されなかった。それがようやく、看護婦と同格の役割を果たしうる時代を迎えたのである。

この辺で、看護婦一辺倒の常識を改め、名称も弁護士がそうであるように、性による区別をなくして、有資格の看護者をおしなべて看護士[注]と呼ぶことにしたらどんなものだろう。

注　この日記から26年後の平成14年、看護婦、看護士の名称に代えて、「看護師」の名称を用いることが厚生労働省によって正式に決定された。

11　精神病院

ある日突然、昼寝のベッドから引きずりおろされて、数人の男にとりおさえられ、自動車に乗せられ、有無をいわさず精神病院に入院させられた、という話を聞けば誰だって精神病院は恐ろしいところだと顔をしかめるにちがいない。こんな金大中事件もどきの〝犯罪〟が白昼堂々とまかり通るようなら、いつ〝精神病者〟にしたてられて精神病院に入れられるかもわからない、そんな不安が起こらないとも限らない。

しかし、もし、何の理由もなくてそんなことが起きるとしたら、精神病院で働いている医師、看護者、職員はみんな残酷で、鬼か蛇のような人でなしにちがいない。医者は金もうけのために、健康な人を病人にしたてて拘禁し、看護者は医者の奴隷となってそれに手を貸している共犯者だということになる。

私は、わが国の精神科医療が多くの欠陥を持っており、それは一日も早く改革しなければならないと考えている。恐らく多くの精神科医療者の思いも同じだろう。精神科医療のなかの嵐もその苦悩のあらわれである。

ただ、ここではっきりしておきたいのは、精神を病む人たちがみんな、自分は病気だから治療を受けようと思っているわけではないということである。私は狂っていない、医者や入院なんか真平だという医療・援助の拒絶反応のほうが、むしろあたりまえなのである。

この拒否的態度をめぐって、人権の問題や、精神病院不信が起こることが多い。マスコミの批判に、精神障害のこの本質の理解が欠けているとすれば、肝心の精神科医療者を納得させることはできないだろう。

12　入院日記

早いもので、この記事を連載しはじめて十二回になる。これで私の役目は終わりである。そのしめくくりというわけでもないが、古い日記をとりだしてまた想い出を拾って見ることにする。

ちょうど、七年前の昭和四十四年七月十日、T病院に入院した日だ。翌日のゴルフを楽しみにしながら、六月二十七日夜、自宅を訪ねてくれた若い友人たちと話しこんでいる最中、いきなり、頭の中に何か突き刺さったような鋭い衝撃を感じた。それからあと意識を失ったらしい。

ぼんやりとだが意識が戻ったのは翌朝だった。はっきり覚えているのは烈しい頭痛がしたことである。それから数日夢うつつの状態が続き、とんちんかんなことをしゃべっていたらしい。想い出すことができるのは、意識を回復した時、あたりで話し声がするのはわかるのだが、何か話をしようと思っても、言葉がでなかったこと、卒中ではないかとぼんやり感じたためか、手足を動かしてみたら動いたことぐらいである。

しばらくぶりで取り出した「入院日記」と表紙に書いてあるノートには、倒れた時から退院まで、病状、見舞客のこと、病院生活の感想のあれこれが綿密に記入されている。

約二カ月半にわたった入院生活は私にとって貴重な経験であった。くも膜下出血の経過はよかったが、途中で併発した持続導尿カテーテルからの泌尿器感染で激痛に苦しんだ時のことは忘れられない。そんな思わぬ伏兵に難渋している時、患者の立場に立たないとわからない沢山の問題が医療・看護の中にあることを思い知らされた。再起できたら、この経験を生かそうと思ったのだったが、このほうは落第のようである。

いまこんなことが書けるのは、主治医K博士はじめ親身の世話をして下さった皆さんのおかげである。これからも入院日記を時々読んで、自戒することとしよう。

（「日記から」の文章十二篇は朝日新聞に一九七六年七月連載、朝日新聞学芸部編「日記から」、一九八十年発行に掲載）

第三章　武蔵の日々

はじめに　151

私が赴任した頃の国立武蔵療養所本館
傷痍軍人療養所時代からの木造二階建て。雑木林からの遠望

はじめに

私が国立武蔵療養所に勤務したのは昭和四十一年四月から昭和五十二年三月までの十一年である。私が武蔵で仕事をするようになってから、退職するまでに、折に触れて話したり書いたりした文章のうちから、愛着のあるものを選んで「武蔵の日々」としてまとめてみた。長短、硬軟さまざまで、テーマも多岐にわたっているが、自分ではそれらの文章の根底に一貫したものが流れているという自負がないわけではない。わが国の精神障害者の医療と福祉の現状には憂いというより怒りを覚えることのほうが余りにも多い。そんな気持ちで書いたものが多い。その頃の私の願いは、肉体は老いても精神は未来に向かって前進する姿勢を持ち続けたいということであった。それはいまでも変わらない。

1　昭和四十五年の年頭にあたって

職員の皆さん。

昨年六月末、思いがけない病にたおれ、皆さんに大変ご心配をかけましたが、ようやく健康をとり戻し、こうして皆さんと一緒に、昭和四十五年の新春を迎えることができることをありがたく思います。病中皆さんからよせられたご厚情にあらためて厚くお礼申します。

昨年後半の大切な時期を半年近く病床に過してしまいましたが、武蔵のいとなみはゆるぎなく続けられ、診療も研究も活発に進められてきたことをうれしく思います。

年末には整備委員会病棟部会の諸君が二年近く心血を注いで構想をねってきたD号館（現在の一号館）がようやく完成して、近く旧病棟にのこされていた患者さんたちをそこに移すことができるようになりました。せっかく立派にできあがったD号館をできるだけ早く患者さんのために使うようにすることは私たちの当然の責務だと思います。武蔵にきて四度目の新春を迎えるのですが、新しい姿への脱皮が当初志したほど順調にはこばず、残念ながらまだ私たちがうちたてたマスタープランの半分も実現していないのです。皆さんに申訳ない気持でいっぱいです。今年からはもっとピッチをあげてのこされた計画の実現を期さなければなりません。私たちの目標はすでにきまっているのですから、この目標の到達がどんなに困難でも、この目標のためにここに集った時の情熱を、失うことなく持ちつづけて前進したいと思います。

私たちの武蔵をまもり育てるのはここに生き働く私たち以外の何ものでもないのです。それは私たち自身なのです。誰かが与えてくれるものでも、強制されるものでもありません。精神医療に対する理解の乏しいわが国で、人も物もみちたりた結構ずくめの仕組を誰かが作ってくれるまで指をくわえて待っていたり、いたずらに不平をならべたててだだをこね、わめきちらすだけでは問題が解決する筈はありません。たとえそれが茨の道であっても、まずそこにわけいり泥にまみれながら、辛抱づよく道をきり拓いてゆくことが必要です。誰かがさきにたってこの道をよじ登らなければ、日本の精神医療の将来はますます暗いものになるでしょう。武蔵をよくすることは、この道を拓くことだと確信するからこそ私たちは決意し、これをはばむ壁をぶち破るために肩をくんで斗うのです。

六〇年代にもまして七〇年代は経済の繁栄とはうらはらに精神の貧困と昏迷、さらには人間関係の破綻が深まりゆく時代でしょう。それだけに私たち精神科医療に携わるものの使命は重いのです。そしてこの使命を果たす道はただ一つ、私たちの実存の基盤である武蔵をよりよくすることです。この志のないものは武蔵に生きる意味がないでしょう。いうまでもなく、武蔵をよくすることを通じてのみ、私たちは具体的にわが国の精神科医療を前進させることができるからです。私たちは傍観者、或いは評論家として武蔵にいるのではなく、主体的な行動者としてここに生きているのです。

今年が武蔵のために大いなる発展の新しい契機となりうるか否かは私たちひとりひとりの決意と実行にかかっているのです。施設のなかでの抗争はただ人々の間に不信と猜疑を生み不毛の荒廃を結果するだけです。

私たちは精神科医療の発展をはばむ頑固な壁をぶち破るために私たちの団結をかため、私たちすべてがそれぞれの持場で責任をはたし、それらの総力を結集することによって今年をみのりある年としようではありませんか。

（「むさし」第三巻第一号、一九七〇年一月）

2　桜の園

この四月から、これまで親しまれてきた高等看護学院という名前が消えて看護学校と呼ばれることになった。どうせ名前をかえるなら看護大学とでもすればよかったのにと思う。もっとも大学と呼んだからといって、中身までよくなるものでもない。名前はどうであれ、この学び舎が臨床看護を勉強しようと思う若い人たちのために役立つところであってほしいと願わずにはおられない。

今年は春の訪れるのがおくれ、入学式の頃は例年だと花がもう散ってしまっているのだが、丁度、武蔵の桜は第十二回生入学式の開かれる今日、四月九日が満開である。昨日の無情の風雨で、花の色はあせたが、それでも眼にしみるような美しさである。

看護学校の先生がたと桜の木の下で
昭和52年3月　武蔵を去る日

武蔵の桜は旧診療棟の前庭と本館の向かって右手に集まっていて、それぞれに個性のある風情がただよっている。武蔵療養所が建設される前は、このあたり一帯、畑地の雑木林であったから、桜は療養所ができたあとで植えられたことはたしかである。ことに診療棟の前庭にある数本の桜は見事な大木である。おそらく療養所創立の頃移植された若木がこのように育ったものにちがいない。

毎年ここで観桜会が行なわれるが、このしきたりは傷痍軍人療養所時代にはじまったものである。若桜に望郷の思いを誘われた療養中の兵士たちも少なくなかったにちがいない。それから幾星霜、診療棟もいまは廃屋となり、やがて消えゆく運命にある。その時が来ても、桜の

むさし恒例の観桜会

木は残したいものである。旧本館が撤去されたあとの空き地に桜の苗木を植えてあのあたりを桜の園にすることができればと思う。
看護学校の校舎は旧診療棟跡に建設される予定[注]だから、桜の園はきっとそれに美しい色どりを与えるにちがいない。桜の園にかこまれた武蔵の看護学校、それが眼に見えるようである。

注　看護学校は私が武蔵を去った数年後に廃校になり、桜の園も夢と消えた。

（国立武蔵療養所附属看護学校新聞「声」第三号、一九七五年四月）

3　人間性ゆたかな看護を
—国立武蔵療養所附属看護学校第十二回卒業生に送る言葉

学校長ということでこの文章をつづることになったのだが、所長の仕事が忙しくて、学生諸君のためにあまり役にたたなかったことをまことに申し訳なく思う。

看護教育がこれまでのように病院や療養所に寄生して、そこで働く看護職員の養成だけに奉仕するようでは、看護の独立などというのはかけ声だけで終ってしまうことはあたりまえである。医療施設から分離した自主性を備えた看護学校が生まれることが必要である。このわかりきった看護教育のあり方が今もって実現しないのはどういうわけだろうか。

さまざまな制約のなかで、武蔵の看護学校は今十二回卒業生を送りだす日を迎えようとしている。避地の過疎地の小学校よりも、もっとおんぼろな校舎ではあるが、教育の内容はどこにも負けない充実したものにしたいと、せめてそのことだけを念願して努力している先生方には、私も頭が下がる思いである。

皆さんの卒業後の生活設計はもうできあがっただろうか。なかには進学の路を選んだ人もいるだろうが、多くの諸君は看護の実践を志しているはずである。進学する人もやがては保健婦、あるいは助産婦となって看護と関係の深い仕事につくことも間違いない。その路は多少異なっても病気と健康にかかわりのある、大切な職業人として生きていく点では全く同じである。

これからの皆さんは看護者、保健婦、あるいは助産婦として医療と公衆衛生の一翼を担うことになるのだが、私はその基本として最も大切なのは臨床看護だと思う。病に苦しむ人の支えとなる温かい心が医療者には何よりも必要な資質だが、医師よりも病める人との接触の機会と時間の多い看護者には特にそれが要請される。死に瀕した病人にとっては、慰めの言葉よりも、

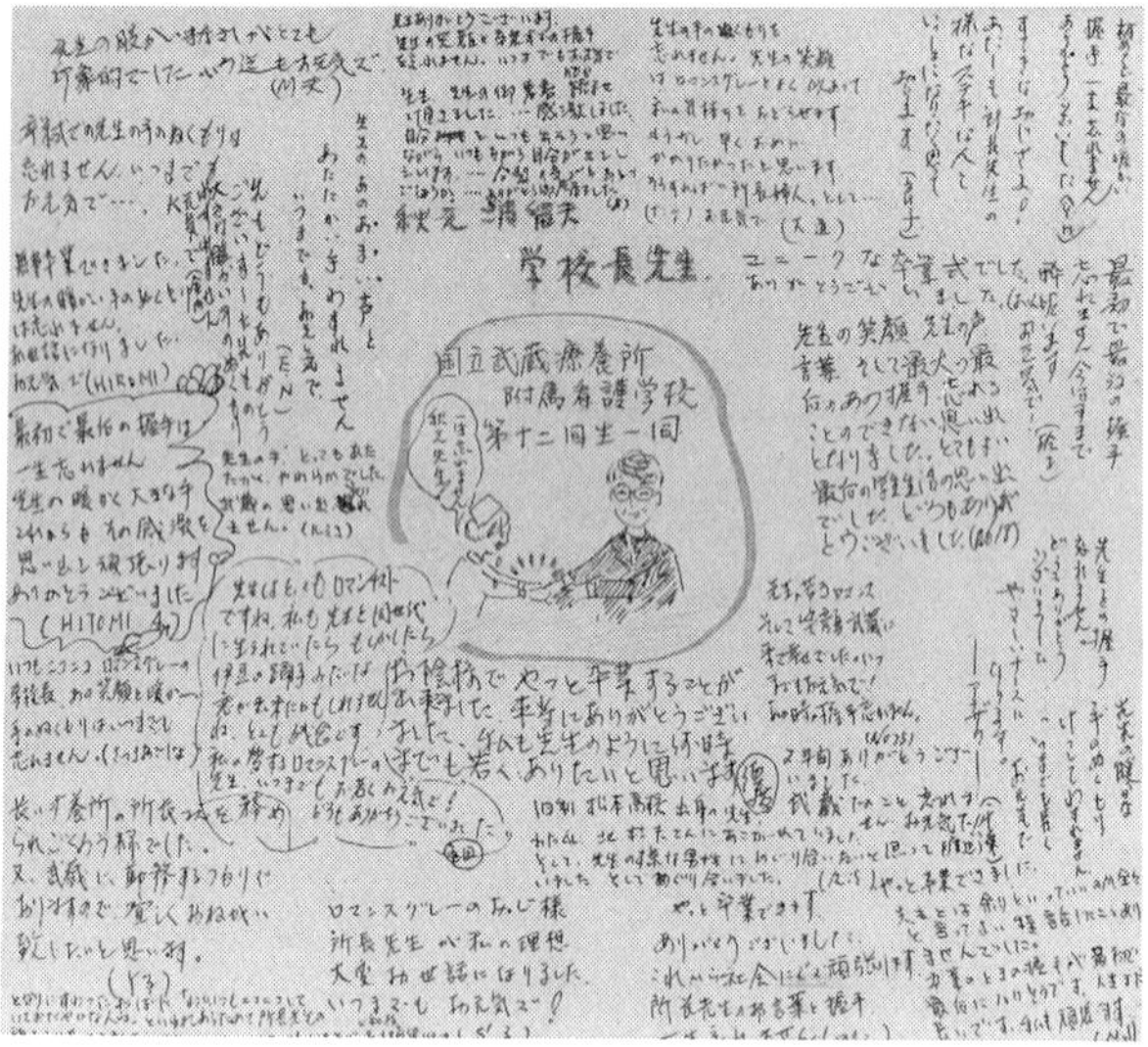

十二回卒業生の寄せ書き

看護者の誠意のこもった振る舞いのほうがはるかに心を安らかにする力を発揮するものである。看護技術を身につける努力はもとより大切なことだが、それに豊かな人間性が伴わなければ、病める人たちの信頼を勝ち得ることはできないだろう。

武蔵の看護学校が人間性豊かな、人々に信頼される看護者の育成に努力してきたかどうか。それは皆さんのこれからの実践が答えてくれると私は信じる。この文章を通じていま未知の世界に向かって旅立とうとする皆さんの一人ひとりに、看護者として、そしてまた人間として悔いのない人生を歩みつづけることを願いながら、送別の挨拶を送る。

（卒業生記念誌「みち」、一九七七年三月）

4　真理の帯

「立って、真理を帯として腰に締め、正義を胸当てとして着け、平和の福音を告げる準備を履物としなさい。なおその上に、信仰を盾として取りなさい。それによって、悪い者の放つ火の矢をことごとく消すことができるのです」（エペソ人への手紙、第六章十四〜十六）

聖書のなかには、数多い名言があるが、ここにあげたのは、私が若い頃から心を惹かれているパウロの言葉である。私がこの言葉を、おりにふれて思い起こすのは、自分たちの日常が、この教えとははなはだ掛け離れているからである。名言や教訓は実現が難しいからこそ、そしてまたその実現を欲するからこそ、時間を超えて人々に記憶されるのだろう。

真理、正義、平和、信仰の四つのプリンシプルは、人間存在の永遠の目標であるにちがいない。しかし、これまでそのどれ一つをとっても、この地球上に成就されたためしはない。真理を追求するのは科学の使命である。自然や生命の、壮麗な秩序と法則が明らかにされ、宇宙科学の発達によって人類は、地球以外の遊星に認識と行動の世界を拡大することが可能となろうとしている。人間の知恵によって、自然のエネルギーが開発され、物質生活が発展する可能性には目を見張るものがある。しかし、一方では、この自然のエネルギーは戦争という愚行のために用いられて、医学が守ろうとする生命を塵あくたのように踏みにじる。人間は、自分の生んだ科学という子供のために、いつ反逆されるかも知れない恐怖にさいなまれている。

科学はその目的によって「悪しき者の放つ火の矢を消す」こともできるし、「悪しき者の放つ火の矢」の射手ともなる。科学は真理に通ずる道ではあっても真理そのものではない。科学を統御する人間こそが問題である。

生の本能に結びついた貪欲、憎悪、猜疑、不信などの心情が知恵を曇らせ、人間をさまざまな愚行や非行に駆り立てる。そして、真理、正義、平和、信仰などの言葉でさえ利己的な合理化のために歪曲される。現代の巨大な物質文明の表皮の下には、原始人と変わらない無知蒙昧な心性が潜んでいる。一体、高いものと低いもの、善と悪との混在は、人間が未発達のためであるのか、それとも人間の本質であるのか。この設問は、人間研究の科学が今日及び明日の課題であることを示唆するものであろう。パウロの言う「真理の帯」の意味も人間研究の前進なくしては理解することができないのではないか。

（「メディカル・ニュース」第五三号、一九六五年十月）

5　クレペリンの教訓

最近、クレペリンの本を読み直しているが、この半世紀も前に書かれた精神医学の古典には、今でも教えられる教訓が数多く秘められている。ここに引用したいと思うのは、次のような言葉である。

「最初は精神医学の対象であると思われた疾患の多くが、実は医学全体に関わりがあることを知ることが大切である。」（クレペリン「精神医学」第一巻、十一頁、一九二七年版）

エミル・クレペリン（1856－1926）

クレペリンの思想はこの短い言葉の中に適確に表現されている。クレペリンがこの本の初版を書いた十九世紀末の精神医学は、精神病院の高い障壁の中に、臨床医学の仲間から隔離されて存在していた。その頃の患者たちが社会から遮断されているのと全く同様に、精神医学は精神病院の中に孤立する病院精神医学でしかなかった。臨床医学の孤児であった精神医学を精神病院の中から解放し、その研究方法として、臨床医学に共通する疾患学の立場を確立したクレペリンの業績は、いかなる時代が来ようと不滅である。

クレペリンの批判者は、彼の疾患学があまりに硬直的であることや、社会的観点が欠けていることを指摘する。それらの批判は必ずしも不当ではないが、それにもかかわらず、精神医学が医学の一分科として発展する道を拓いたクレペリンの功績を否定することは誤っていると思う。

私には、わが国の精神医学が、近ごろ一般の臨床医学から離れて、狭い殻の中に閉じこもろうとする傾向が著しいように思えてならない。「精神医療」の自閉化は精神医学の健全な発展の道ではないだろう。クレペリンの言葉が私の胸を打つのも、今日の精神医学的情況のなせる業かも知れない。

（「クリニシアン」一八四号、一九七〇年四月）

6　医人の夢

編集者から与えられた課題は大変悠長なものである。しかし、今朝も出勤の途中、某大学病院の玄関の前では、赤旗が林立し、白衣の職員がスクラムを組んで労働歌を高唱している、物々しい風景が見られ、また、日本医師会は日本歯科医師会と一緒になって医療保険制度の缺陥を是正するための運動をおこして、一斉休診から、事によると保険医総辞退にも及びかねない情勢である。今日の医師は全く夢を見るどころの話ではない。

病院スト、医師の保険制度に対する反撃は偶然、時を同じくして起ったように見えるけれども、その実は、両者は共通の原因から生じた現象である。現在の保険制度の下では、官公立の大病院でも、自由企業の私的医療施設でも、ひとしく一定のわくの上で規制された医療費で経営しなければならず、その上医療法で看護職員の数、施設の規模が定められていて、必要な経費と収入とのアンバランスに悩んでいるのが、どこの施設でもその程度に差こそあれ、免れがたい実情である。その皺よせが、職員の待遇や、患者の処遇の面におよんでくる。

病院職員、とくに看護者の待遇が、会社や工場の職員に比較して悪いために、その補充が困難になっていることは、最近数年、看護学校の入学希望者が目に見えて減ってきている事実からもうかがわれる。看護者の資質を高めるために、教育面での改善が行われ、国家試験の制度が設けられたことなど勿論結構であるが、その待遇が一向に改められないとあっては、希望者が減るのも当然である。医療の第一線に立つよい看護者が得られなくなっては、行きとどいた治療に支障を来すことも目に見えている。大病院でも看護者の補充に困難を来たしている位であるから、個人経営の医院ではなおさらである。

看護者の待遇は、もちろん、単に収入だけの問題ではない。よく聞かされる不満は、病人の看護という本来の仕事の他に、さまざまな雑用に使われることである。ことに、医師の家庭的私事に使われることに対する不満を訴えることがよくある。待遇の改善以前に看護者としての地位の確立といった素朴な要求があることを忘れてはならない。この他にも、医師自身の病院管理に対する基本的態度に問題がある場合もあって、医師の自覚によって解決される問題が、現在の病院ストの実態のうちに含まれていることは確かであろう。

病院管理の中心は、何といっても、管理者、医師、看護者及び一般職員が、お互にその立場を尊重しあった上で、協力して、病人を治療するために、もっとも適当した物心両面の条件を作り出すことであることはいうまでもない。医業も確かに一つの職業であり、これによって各人の生活を豊かにしたいと願うのは当然である。医業が経済の上に成立つことも当然である。しかし、医業には他の職業と区別される重要な本質があることがともすると忘れられがちであるのは遺憾である。われわれが医師を天職として選び、看護者が看護を生涯の仕事として選んだそもそもの素志を想いおこすべきである。医業は患者という、のっぴきならない不幸に陥った人たちを相手に持っている。その人がどんな地位にあろうと、どんな政治的立場にあろうと、医師は患者をえらぶことを許されない。その意味で医師は自由を持たないともいえるし、また何ものにも制肘されないという点では最も自由であるともいえる。医が仁術であるといわれるのはこのような特質の故であって、いかなる時代においてもそれは不変である。

問題はこの医の本質が今日の医療制度の下で、ゆがめられる危険があることである。医師自身が医は仁術ではなく、算術であると自認しているように世論が非難するのは、医師の側にも一半の責任がある。今日の日本医師会の要求が、世間からこのように受けとられるとすれば、その誤解を親切に解く努力がもっと熱心に続けられなければならない。医療の危機は、現在の医療保険制度に内在する多くの欠陥、とくに医療の自由を束縛する制限診療にあることは明らかであって、これが、医の本質に反するところに、医師の側の最大の不満がある。

これまで長らくくすぶっていた、わが国の医療制度に関する問題がようやく医師や行政当局だけでなく、大きく世論にとりあげられたことは、問題の解決の第一歩である。この機会に、世界に恥かしくない医療制度がわが国に確立される日が近づくことをのぞみたい。それはひとり医療関係者だけではなく、全国民のひとしく願うところであろう。


（「メディカル・ニュース」第六号、一九六一年四月）

7　沖縄を訪ねて

昭和四十四年の一月中旬、ごく短い日程であったが、琉球政府の要請で沖縄を訪れた。那覇空港までジェット機で飛ぶと二時間半ほどである。羽田をたつ時は風が冷たく、オーバーのえりをたて、吐く息も白く見えるほどだったが、那覇の空港に着いて飛行機を降りたら、澄みきった大空の青さが眼にしみるようで、太陽の強いひざしにたちまち汗ばんでしまった。

那覇空港で出迎えの人たちと

空港から市街に通じている道は、港を左手にして走っているが、道路とは金網の柵でへだてられた埠頭には、大きな倉庫がたちならび、褐色に塗られたトラックの大群が見わたす限りつづいていて、ここは一体どこなのだろうと、思わずつぶやかなくてはいられないくらい異様な光景を呈している。もっとも、こんなことで驚いていては沖縄を歩く資格はない。沖縄本島を縦断する動脈である一号線の両側の丘陵地帯は、北部の一部を除いて飛行場、兵舎、米国軍人家族のための宿舎にあてられていて、この道路を車で走っていると、カリフォルニアのどこかにいるのではないかと錯覚をおこすほどである。

那覇の街には、スペインの街を思わせる白い石作りの家が多く、樹木がすくないので殺風景である。軍用道路のほかは舗装ができていないのでほこりっぽい。一昨年の五月に来た時に泊まった宿は、川に面した二階屋であったが、夜、潮がみちてくると、涼風が川面を渡ってきて、むし暑さを忘れることができた。今度泊まったところは新築したばかりの五階だてのホテルである。一月だというのに、夜はむし暑いくらいで、川風の恩恵に浴するかわりに、クーラーの厄介になった。那覇の街は室の窓から見ると、赤っぽい瓦をならべた屋根の家が多い。その屋根の中央に、シーサーと呼ばれる魔よけの動物の像が、つくりつけになっているのが面白い。

沖縄には南国らしい風物が沢山ある。誰でも感嘆するのは、海の色の美しさだろう。沖縄の島々は、珊瑚礁からできているために、海岸は環礁でとりかこまれている。晴れわたった青空と、環礁のエメラルド色との美しい対照は、筆舌につくすことができない。ガジュマルという蛇行する枝と幹のからみあった巨木も珍しいものだ。

名護のガジュマル

那覇の郊外にでると、一面に白い穂をつけた砂糖きびの列がつづく。富士の裾野にひろがる秋のすすき野にも似て、旅情をそそるものがある。那覇の街では、樹木がまだ大きく育っていないが、それでも裏通りの民家の庭に、真紅の葉をひろげたポインセチアや、石垣からのぞくブーゲンビリアの可憐な花は、青い空に映えてまことに美しい。琉球政府立中部病院を訪れた帰り路、案内してくれた琉球政府の職員に所望して、ハイビスカスの栽培をしている園芸場を見せてもらったが、あまり美しいので、苗をわけてもらい、持って帰った。武蔵療養所の園芸班で育ててもらうつもりだ。

沖縄の風物が平和で美しいだけに、戦争の傷あとがともすると忘れられる。「本土」からの観光客の多くは戦跡めぐりをすませると、国際通りの土産物店で買物をして立ち去っていく。

佑喜と、沖縄で

戦後二十四年たったいまでも、ここに住む人たちとは縁もゆかりもないものたちが権力をにぎり、大部分の土地を占領し、ヴェトナムの人民を殺すための根拠地にしている。頭の上を、からだ全体にしみわたるような金属音を立ててとび去ってゆく、黒いカラスにも似た不気味なB五二を見ると、沖縄の人たちの憤りが私にも伝わってくるような気がする。

予定の日程を終わって帰りの飛行機にのる

ために空港に行く途中、また例の軍需品で一杯の埠頭を通りすぎながら、沖縄の解放に向かって、私に何ができるか考えないではいられなかった。

（「健康」第六五号、一九六九年八月）

8　沖縄の精神医療と私

1　はじめに

小椋力教授のお招きで、開講記念の式典で皆さんにお目にかかる機会を与えられたことはまことに光栄かつ欣快である。私が沖縄をはじめて訪れたのはいまから二十年前の昭和四十一年十二月である。昭和三十九年に発足した厚生省の派遣医制度が順調に進んでいないので、これを促進するのが私の任務であった。現地、行政、医療機関の協力態勢を強化するために設けた「沖縄精神科医療懇話会」（後に日本精神神経学会傘下の「沖縄精神科医療協力委員会」に改組）が中心となって、昭和五十年までの八年間に八十二名の精神科医が沖縄精神医療の再建と発展のために協力した。それから二十年、沖縄の精神医療は琉球大学をはじめとする現地の皆さんの努力で、独自の発展をとげていることは、私が沖縄を訪れる度に、実感するところである。

本日の開講の式典もそのあかしの一つであると思う。

今日の式典にお招きいただいた私は、おそらく、多くの方々の記憶から失われた、派遣医時代の物語をお話するのが私の義務のように思うのである。昔話としてお聞きいただければ幸いである。

2　沖縄精神医療に対する本土精神科医の協力

私が沖縄の精神医療に関心をもつようになったのは昭和四十一年、東大を退職して国立武蔵療養所に赴任した時からである。

赴任早々医局の岡庭武君から、沖縄の精神医療の現状について、昭和三十九年から厚生省は派遣医制度を設け、自分も最初の派遣医として現地にでかけたこと、沖縄では精神科医が不足しており、病院も少なく、私宅監置がまだ沢山残っていること、武蔵療養所など若干の国立療養所から派遣医を出すことになっているが、なかなか希望者がなく、協力態勢が不充分だから、これを強化する必要がある。などという話をきいた。

とくに私の心を打ったのは岡庭君がもらった「沖縄における精神衛生の歩み」（病院精神医学十一、昭和三十九年）で私宅監置がなかば公然として行われている生々しい記述があり、そのなかに書かれていた「われわれは罪の意識をもって、沖縄のこの現状に対処すべきである」という言葉であった。

さらに、私の親しい友人で、当時国立精神衛生研究所の研究員中川四郎君（故人）からその前年に行われた「沖縄精神衛生実態調査」（昭和四十一年十一月、琉球政府より、その報告書が公表）の報告をきき、協力体制を強化することが急務だと痛感した。

同年十二月、総理府の依頼ではじめて沖縄を訪れ、沖縄本島をはじめ、宮古島、石垣島を訪れ、米軍民政府、琉球政府、現地の精神科医の皆さんとお目にかかり、（八重山病院、宮古病院、精和病院、琉球精神病院、田崎病院、田頭病院、天久台病院、山川厚生局長、上与那原、新垣西医師ら）本土の精神科医の協力について意見をうかがうことができた。この時、行動をともにされ、お世話をして下さったのが、上与原朝常君である。

私は、協力をスムーズに行うためには現地精神科医、行政当局と本土精神科医、行政当局の意志疎過と緊密な連絡をはかる協議機関を作る必要があると考え、関係方面の賛成を得て、翌昭和四十二年一月二十七日、厚生省で第一回会合を開いた。それが「沖縄精神科医療問題懇話会」である（精神経誌六九、二、一九七頁、一九六二）。出席者は秋元波留夫、岡庭武、岡田靖雄、加藤伸勝、佐藤壱三、島崎敏樹、鈴木淳、立津政順、中川四郎、向井彬（欠席、参加承諾、臺弘、江副勉、櫻井図南雄、寺嶋正吾、松本胖）その他、厚生省岩城精神衛生課長、医事課大谷藤郎技官、近く派遣される国立武蔵療養所近藤廉治であった。

この時、参加者のなかから、沖縄に対する協力を強化するためには、日本精神神経学会の正式の委員会にすべきだという意見がでて、全員が賛成した。同年四月、名古屋の日本精神神経学会総会で、提案承認され、ここに日本精神神経学会沖縄精神科医療協力委員会が発足、私が委員長に選任された。この時、誰も学会がやがて混乱状態におちいり、学会の主導権を奪取した過激グループから沖縄精神科協力委員会が不当な弾圧をうけるようになるなどとは予想しなかった。弾圧の話はあとにすることとして、沖縄委員会（と略称する）の活動のあらましをお話する。

3 沖縄委員会の行ったこと

(1) 精神科医の現地派遣

昭和四十二年（一九六七年）以後本土復帰までの五年間の医師派遣はこの委員会を通じて行われた。昭和三十八年（一九六三年）から昭和四十九年（一九七四年）にわたる派遣医師は八十二名である（表1）。

派遣医の任務は、現地の医師不足を補うための単なる実務援助にとどまらず、沖縄の精神科医療が直面する困難を、現地の精神科医、精神科医療者（看護者、保健婦、ソーシャルワーカー

表１　派遣医の所属と派遣先

派遣医の所属

施設名	人員
国立武蔵療養所	26
〃 下総療養所	17
〃 肥前療養所	10
愛知県立城山病院	5
国立小倉病院	3
その他	13
	82

派遣先施設

施設名	人員
政府立琉球精神病院	24
協会立精和病院	16
政府立宮古病院	13
政府立八重山病院	21
石川保健所	5
那覇保健所	2
コザ保健所	1
	82

82名のうち、国療53名、国病３名計56名　68％　2/3が国立療養所と国立病院、そのほかは、国立大学精神科（新潟大1）、都道府県立病院（神奈川県立芹香院２、静岡県立養心荘８）である

など）と協力して打開するための活動が含まれる。また地域住民に精神科医療を確保するためには、在宅患者の巡回診療を行う必要があるので、病院を拠点とするほか、保健所に拠点をおく派遣医の活動が行われた。派遣医の期間がたいてい三ヵ月から六ヵ月と短期間であり、受けいれ先でこのことが常に問題となったが、この困難を打開するために、委員会ではある派遣施設はできるだけ同一受けいれ施設を受けもつように調整する方針をたてた。

委員会のこの方針は派遣医を多くだしている施設の支持をうることができ、委員会発足当初は全く無秩序、いきあたりばったりであったのが、昭和四十五年ごろは一定のルールができあがった。国立武蔵療養所と晴和病院および八重山病院、国立下総療養所と宮古病院、肥前療養所と政府立琉球精神病院および石川保健所、静岡県養心荘、愛知県城山病院と八重山病院の連携が確保され、これによって、同一受けいれ施設における派遣医の活動の連続性が維持されることになった。

(2)「沖縄精神科医療の発展のための意見」の作成と発表

沖縄精神科医療協力委員会は、当初から、沖縄の精神科医療を改革するための構想を作成する計画をもっていた。この構想を、アメリカ支配を脱して、日本に復帰するにあたって、日本の厚生省および琉球政府当局に申しいれたいと考えていた。沖縄の精神科医療の現状を身をもって体験した委員、現地の医療に専念する委員の討議をへて、ようやくまとまったのが昭和四十六年四月であり、学会誌（精神経誌七三、一九七一）に発表と同時に、本土および沖縄の関係方面におくった。

この意見書の発表を機会に、あとで述べる学会の委員会に対する態度に不満であった私は委員長をやめる決心をするが、その直接の動機は、昭和四十六年六月十二日、十三日の学会評議会での「意見書」公表に対する非難攻撃であった。一部の委員から「評議員会の討議をへないで発表したのはけしからん、総会で秋元を喚問し、責任を追求せよ」という動議が提出され、可とする者四十六、非とする者十二、保留一、白票一（総員六十名）で可決された。あまりの理不盡、ばかばかしさに私は早速大熊輝雄理事長に辞表を提出した。

4　沖縄委員会への攻撃

昭和四十五年徳島で行われた第六十七回日本精神神経学会の評議会で、沖縄委員会とそれを認めている理事会に対して「日米の沖縄に対する政治的差別を問うことなしに、政府の派遣医制度に協力するのは二重の差別であり、派遣医が沖縄に対する憐憫、哀れみの情ででかけるのは三重の差別を強いるものであり、この委員会は日米帝国主義の手さきである」という反体制委員の猛烈な攻撃が行われたが、これに対して会長今泉恭二郎教授は「沖縄に派遣医として赴くことが体制側に立ち、差別者となることだという差別の論理は、現代社会のすべての既存体制、組織、価値を全面否定することでみずからの主体性の確立を試みようとするもので、必然的に自己否定に赴かざるを得ない。学会の発展のためにはこのような『差別の論理』観念論の遊戯ではなく、わが国の精神医療、精神医学の遅れている現状を具体的、科学的に分析し、その上にたてられた展望のもとに研究・医療・保健の実践的統一こそが必要である」として反論した（今泉恭二郎：「第六十七回日本精神神経学会総会をかえりみて」精神経誌七二、一九七〇）。反体制派の占拠した当時の評議員会では、沖縄の精神障害者がおかれている疎外状況を無視した机上の観念論が横行したのである。

5　沖縄委員会の運命

昭和四十六年九月、大熊輝雄理事長のもとで沖縄委員会は「沖縄精神科医療委員会」と改められ、長崎大学教授日本精神神経学会理事高橋良君が委員長となり、昭和四十八年五月、平井富雄理事長の時代に、名古屋学会で吉川武彦理事（当時国立精神衛生研究所）が委員長となった。この間、本土復帰の前後、昭和四十七年四月から昭和四十八年四月まで派遣医の派遣は中断され、派遣医皆無となったので、沖縄県の要請で、委員会とは無関係で私は国立武蔵療養所より派遣医を送った。昭和五十年の日本精神神経学会総会で成立した新理事会は沖縄委員会を設置しなかったために、委員会は消滅した。終結宣言は行われていないから自然消滅である。

6　沖縄委員会の功績

(1)　昭和四十二年から昭和五十年までの八年間に八十二名に及ぶ本土精神科医が沖縄現地の精神医療に協力して、精神科医療の処女地であった沖縄のために貢献をすることができた。その評価は歴史の審判にゆだねるべきだろう。

(2)　沖縄委員会から提起された沖縄精神保健体制に関する現地当局および厚生省に対する意見、要望は行政の取り組み前進の刺激となったことはたしかである。とくに、沖縄県に、国立精神療養所が設置されたことは、当時の中山総理府長官との直接交渉が有効だったと思う。

(3)　沖縄委員会の最後が吉川委員長及び担当理事島成郎理事の沖縄赴任と同時であることは象

徴的である。沖縄精神科医療の発展とともに沖縄委員会はその使命を終ったからである。

7　おわりに

沖縄の精神医療は、派遣医制度がはじまった一九六三年から、一九七二年に本土復帰が実現するまでの間に、急速に整備され、公立および民間の精神病院も十施設、病床は二千を数えるようになり、派遣医制度がはじまった当時問題であった「私宅監置」は、これをほぼ絶滅することがでた。これは派遣医諸君の医療協力の成果であるけれども、それ以上に、現地の数少ない精神科医、医療機関職員の奮闘のたまものだと思う。とくに忘れてはならないのは屋良朝苗主席をはじめとする琉球政府の皆さんのこの問題への取り組みでる。私は屋良さんにはとくに親しくしていただい

沖縄精神衛生大会で祝辞を述べる
屋良朝苗主席

表２　沖縄精神衛生協会の歩み

1958年（昭和33年）	琉球精神障害者援護協会設立
1961年（昭和36年）	財団法人沖縄精神衛生協会に発展 （会長屋良朝苗、専務理事神山茂市） 沖縄精神病院(後に沖縄精和病院と改称)を南風原村に開設
1966年（昭和41年）	機関誌「精神衛生」（年２回）発行、「精神衛生大会」毎年開催
1969年（昭和44年）	沖縄精神衛生相談所開設 後に沖縄県精神衛生センターに改組
1972年（昭和47年）	本土復帰（５月15日）

たが、屋良さんが政府主席という激務にもかかわらず、アメリカ統治下の困難な状況のもとで、自ら先頭にたって、見捨てられていた精神障害者の医療と人権援護に心をくだかれるのをみて頭の下がる想いであった。屋良さんは政府主席として公的な立場で精神病院の設置、私宅監置の廃止に努められただけでなく、沖縄精神衛生協会の実質上の会長としてリーダーシップを発揮された。

沖縄精神衛生協会の活動を表にしたが（表2）、アメリカ占領下で、沖縄の精神医療・精神保健の推進に大きな働きをしたとは皆さんもご存知のとおりである。屋良会長を補佐して活躍した事務局長神山茂市さんの功績も大きいと思う。協会主催の「精神衛生大会」に、屋良会長から何度かお招き頂いて、お話したことなど懐かしく思い出される。

アメリカ占領下の「私宅監置」の時代はもう昔話となり、沖縄の精神医療は本土と遜色がないどころか、沖縄の風土にマッチした、離島の地域医療など先駆的な医療が展開されている。沖縄の精神医療は、さまざまな困難な状況のなかで、それに屈することなく、目覚しい進歩をとげている。「この病をうけたるの不幸」と「この国に生まれたるの不幸」を精神障害者から取り除くための精神医療と精神医学がこの沖縄でさらに大きく育つことを私は期待している。

（一九八七年六月十三日、沖縄グランドキャッスルで行われた琉球大学医学部精神医学教室開講記念式での特別講演「沖縄の精神科医療と私」から）

9　ベルツと狐憑病

いま時、狐憑きなどといえば一笑に附されるだろうが、明治後期の頃までは狐憑きだけでなく、犬神憑き、蛇憑きなどさまざまな憑依（つきもの）の迷信が民衆の心に深く浸透していた。この憑依迷信のために、当時の精神病院には自分はどこそこの狐だと称して狐のようなふるまいをする患者（憑依妄想があるといわれた）が多かったし、精神病だけでなく、医師が首をかしげるような難病、奇病のたぐいはともすると狐憑きとみなされ、加持祈祷に委ねられるのはまだしも狐憑きだと白状させるため、或いはとり憑いた狐を追いだすため煙でいぶしたり、殴打、鞭笞したりして拷問、折檻を加え、その結果時には病人を死に至らしめることも珍しいことではなかった。

狐憑病とは狐が憑りついたためにおこる病気という意味である。医師のなかにその実在を信ずるものがすくなくなかったことは徳川末期に書かれた陶山尚迪の「人狐弁惑談」(文化十五年、一八一八年)、さらには明治後期の研究報告として価値の高い門脇真枝の「狐憑病新論」(明治三十五年、一九〇二年出版、精神医学・神経学古典刊行会から復刻刊行されている)を読めば瞭然とする。

ところで、わが国に独特だといってよい狐憑病の最初の研究が、東京大学医学部に内科学の講筵を開いたエルヴィン・ベルツによって行われていることはあまり知られていない。この研究は「狐憑病説」と題して官報(「狐憑病説」文部省報告、官報第四六九、四七〇号、明治十八年、一八八五年)に掲載されただけであったために学界の注目を惹かなかったのではないだろうか。この短い報告は、しかし、当時のわが国の民衆の疾病観や医療の状況を知るのに役に立つばかりでなく、心身症としての狐憑病の本質を洞察していることでいまでもその価値を失っていない。彼は狐憑病と本態を同じくするものが「亜細亜全州に散在し、国によりてその名称を異にするのみ」といい、それは「ただその病を信ずる人のみを侵して、この病を信ぜざる人を侵すことなし」と断じ、狐憑病が心因起源であることを鋭く指摘している。

彼はこの報告のなかで症例をあげて狐憑病患者の治療法を述べているが、当時の医師が心因起源についての理解に乏しく、治療をあやまることが珍しくなかったことが指摘されていて面白い。彼の治療法の要諦は次の文章によくあらわれている。

「予三年前麻痺に罹りし一婦人を療す。この婦人二年上下肢全く麻痺し、かつ牙関緊閉したるをもって、一、二枚の歯を砕きてその間隙より牛乳及び流動物等を与え来りしなり。予これを療するに、人の扶を要せずしてよく室内を独行し、かつ他人に均しき食物を貪するを得せしめたり。予はこの時において別に秘密の術、もしくは神仏の法を用いしにあらず。ただ、その婦人の失いたる思慮をして再び回復せしめたるのみ」。

狐憑病研究はベルツがわが国の医学にのこした多くの遺産のほんの一部にすぎないが、疾病の発生や構造に個人の心理、さらにはそれを規定する社会条件が大きく関与することを明らかにし、また治療には身体面だけでなく精神面の考慮が不可欠である所以を強調した卓見は高く評価されてよい。

東京大学に精神病学講座が設けられたのは明治十九年だが、それにさきだって、内科医であるベルツが精神病学の講義を担当したのは必ずしも偶然ではない。ベルツをはじめこの時代の内科医は精神疾患や神経疾患を自分たちが考究し、治療すべき対象だと考えていたのである。

臨床医学の専門化が進み、内科学もさらに細分化の方向にむかっている今日、ベルツの時代に戻ることができないのは当然だが、一人の医師として、木だけ見て林を見ない専門馬鹿に堕すことがないためには、ベルツの見識を学ぶ必要があるだろう。

（柴崎通信第三号、一九七三年九月）

10　ラモン・イ・カハールの随筆

昨年の春から、南米ベネズエラの国費留学生が拙宅に逗留している。彼はカラカスの大学で工業化学を学んだが、昨年来日して、日本語を習得し、あらためて日本の進んだ石油化学工業の技術を勉強する目的で、この四月からある大学に入学することになっている青年である。妙な因縁でここ数ヵ月私の家に居候することになり、家内や娘は彼の家庭教師となって日本語の面倒を見ており、近頃では日常会話にこと欠かない位に上達した。

彼が私のところに住むようになって間もない頃、夕食後の雑談の折、彼がラモンという名前なので、ラモン・イ・カハールという学者のことを知っているかと尋ねると、彼は即座に、カハールの本はベネズエラの知識人に愛読されていると答えたのにびっくりした。彼が部屋から持ち出してきたのが、文庫版の「炉辺閑話」（Charlas de Cafe・Madrid, 一九二二）である。私はこの本のことはそれまで全く知らなかったし、カハールが彼の専門以外の人たちに大きな影響を与えつづけている思想家であることなど思いも及ばなかった。うかつなことに、私はカハールがすぐれた随筆家でもあることをこの本ではじめて知ったのである。

私はスペイン語を解さないので、わが家のラモンに、この本のさわりのところを翻訳してもらった。科学論だけでなく、話題は芸術、文学から人生論に及んでいて、軽妙洒脱な警句が随所に見いだされ、実に面白い本である。スペイン語圏の読書人に今でも広く愛読されている理由がわかるような気がした。

原本を手に入れたいと思い、昨年の夏、休暇をカラカスですごすために帰省したラモンにこの本の購入を頼んでおいたところ、土産に持ってきてくれた。それが、カハール随筆集ともいうべき Obras literarias completas（Madrid, 4. ed 一九六一）である。

文庫版一千三百五十頁のこの本には、「炉辺閑話」をはじめ、「わが生いたちの記」（Mi infancia y juventud）、「休日物語」（Cuentos de vacaciones）、「科学研究のための原則と助言」（Reglas y consejos sobre investigacion cientifica）、「ドンキホーテの心理とキホーテ主義について」（Psycologia de Don Quijote y el Quijotismo）、などの著作がおさめられている。

これらの本には、英訳や独訳があってすでに出版されているが、わが国に紹介されたのは Reglas y consejos sobre investigacion cientifica である。この本は「若き科学者へ―忠告と助言」という標題で、三省堂から出版されている。初版は昭和三十三年で、荻野勤治・嶋稔の共訳である。この本が金沢大学の山口成良教授の愛読書であることを知り、懇望して読ませてもらった。大変面白い本である。その他にMi infancia y juventudが小鹿原健二によって翻訳され、自費出版されている(我が生い立ちの記、一九九七)。

スペインを愛し、祖国の衰亡を救うものは科学の研究推進だと確信したカハールの面目をうかがう、かっこうの本である。そのうちからとくに私の感銘をそそった文章を拾ってみよう。

…学者の人生は二期に区別される。初めは創造の時期であって、古いまちがいを打ち破り、新しい真理を掲げるためにささげられる時期である。それから、下り坂あるいは思索の時期であって、それは絶対的ではないが、ほぼ老人期と一致するものであり、この時期には科学的創造力が後退しているので、若い時考えた仮説を若い学者の攻撃に対して、父のような愛情で弁護するのである。(同書十五頁)

…学者はとかく年をとると、ものぐさになり、そのくせ、いばりたい、金がほしいというので、弟子をこんなふうに利用するのである。けれどもいばることや、金銭は、研究生活とは別ものである。いいかげんまで達したら、学者は足ることを知ることがだいじである。先生は弟子を啓発して創造的人間を養成したという満足で、十分報いられるはずである。力が衰え、意志が弱くなってしまって、研究に必要な情熱がうせたときには、白髪老眼の師は、思い切って武器を放棄すべきである。人は自分自身で研究していることしか教えられない。だから研究していない人は、その専門に

ついて、もはや講義をしてはならない。（同書一八八頁）

ノイロン学説を唱えて、神経系の構造と機能の知見に革命をもたらし、ゴルジとのはげしい論争にうむことのなかった精かんな研究者の人間的一面に私はいま何か惹かれるものがある。カハール随筆を読むために、スペイン語の勉強をするのは大変だが、少し暇ができたら、それをやって見ようという思いにかられているこの頃である。

（「柴崎通信」第五号、一九七四年三月）

11　国民に奉仕するスポーツを

私は精神科医である。日常、心の病をもった人たちに接していると、健全な理性は健全な身体に宿るという昔から云いふるされた常識が必ずしも妥当でないことをいつも感じさせられている。最近の新聞に、小学校六年になる男の子が、いたずらをしようとした下級生の女の子に抵抗されて、扼殺してしまったという悲しい記事が載っていた。身体の発達に理性の発達が追いつかないでいけないことがこのような悲劇の原因だとある評論家は解説していたが、健康の問題を考える場合にとかく忘れがちな大切なことをこの挿話は示唆していると思う。

たくましい、強健な身体を鍛錬することはスポーツの主要な目的だが、その多くが、個人であれ、集団であれ、相手と争って勝つことを計算にいれているのは、根性とか気力とかいう精神面の陶冶が重要な要素だからである。スポーツがもし精神面への配慮を欠き、文字通りの体育だけに終るなら、いまあげた非行少年に類した身体だけ「健全」な不具者を生むことになるだろう。頭のからっぽな選手や、暴力団まがいの運動部員、新入生をしごいたり、リンチを加える山岳部員が幅をきかせるようないまの体育のありかたは一日も早く改められなければならないだろう。

スポーツや体育が私たちの健康に役だつためには、身体面にだけ偏ることがなく、精神面への配慮が十分に加えられなければならない。身体の鍛錬と精神の陶冶が平行するところに、はじめてスポーツや体育の真価が発揮される。スポーツや体育は一握りの選手を養成し、記録を作ったり、競技に勝つためだけにあるのではない。それは国民一人ひとりの健康を増進して、誰もが生活を楽しむことができるようにするための一つの手段なのである。

競技での勝敗は、プロの場合は別として、スポーツの目的というよりも、人々をそれに参加させるための刺激剤のようなものである。健康のために、という大義名分だけでは多くの人はスポーツに熱中することはないだろう。スポーツ選手は勝とうと思って疾走し、新記録をめざして力泳する。しかし、負けたからといってスポーツを放棄する人はほとんどいない。この次には勝とうと思って練習に精を出す。それでも勝つ者は限られており、大多数は敗者である。勝たなければ健康になれないわけではない。スポーツの真の目的が勝敗ではない所以がここにある。私のゴルフは負けてばかりいてちっとも進歩しなかったが、それでも健康法としては有効であったと思っている。

もう大分昔の話になるが、ドイツに滞在していた頃、どんな辺鄙な農村を歩いても、サッカーの球場があり、若者たちだけでなく、年輩の人たちがこのスポーツを楽しんでいた。ミュンヘンの冬の公園には無料で滑れる広大なスケートリンクがあり、厳寒をものともせず老若男女が楽しんでいた。私はこの光景をうらやましく思って見たことをいま想いだす。アメリカではゴルフは大衆のスポーツだが、わが国では贅沢な遊びだという観念がまだ抜けきっていない。メンバー制のコースは莫大な入会金が必要で、投機の対象となりかねないが、アメリカのようにパブリック・コースが沢山あって、もっと安い料金でプレイできれば、ゴルフにまつわる不愉快な弊害も減り、大衆のスポーツとして健全な発展をするにちがいない。そのためにはまず、あまりにも高額な税金をとりたてることを政府にやめてもらわなければならない。ゴルフのプレイに遊興税まがいの税金をかけられてはかなわない。

スポーツが体力の優れた人たちや金持ちの占有物である限り、国民の健康とは無縁である。子供や老人、体力のない人、心身に障害をもつ人、これらの人たちの誰でもが、自分にふさわしいスポーツを陽のあたる場所で自由に楽しむようになってはじめてスポーツは国民全体のものとなり、国民に奉仕するスポーツ本来の任務を果たすことができる。そのような時代を実現させるためには健康と福祉に関係をもつ職域の人たちが力を結集して、この要求を政治に反映させていくことがいまもっとも必要だろう。

（「しにあらいふ」一九七七年春季号、一九七七年二月）

12　ゴルフ交遊録

1)　ゴルフことはじめ

私がゴルフを始めたのは東大に来てからだから、二十年ほど昔のことである。たしか東大に来て初めての医局旅行で江の島にでかけた時、ゴルフをやっていた医局の連中に誘惑され、今はもうつぶれてしまった江の島の近くのゴルフコースの練習場でドライバーを振らされたのがことのはじまりとなった。遠藤俊一君からゴルフは基本が大事だからプロに習えとすすめられ、原宿駅前の鳥籠に連れて行かれ、若いアシスタントプロからさんざんしごかれ、何回かのレッスンを受けてどうやらたまには曲がらない球が打てるようになった。初めてでかけたコースが東大運動会の検見川コースだった。東大精神医学教室と脳研究所の関係者で脳球会を作り、検見川コースが閉鎖されるまでよくそこにでかけたものである。懸田克躬、笠松章、五十嵐衡、草間敏夫、白木博次、井上英二、菅又淳の諸君はその頃の常連だった。

脳球会は最近まで連綿として続いていたが、このところしばらく音沙汰がない。メンバーが皆老朽化して世話を焼く者が居なくなったせいだろう。是非復活して旧交を温めたいものである。注

注　十年程前から復活、東大精神科の若い教室員も参加して年二、三回は行われている。

2)　東大医学部同窓のゴルフグループ

東大医学部に大正十四年に入学した同窓には私などより古いキャリアのゴルファーが何人かいた。何時頃から同級の諸君がゴルフの集まりをもつようになったのか知らないが、私が東京にでてきてからその仲間に加わった。三木威勇治、横山功喜、清水健太郎、熊谷洋、橋爪廉三、小原辰三の諸君は新参の私にとっていずれも手強い強敵に思えた。なかでも清水は昔とった杵柄で（一高、東大時代の名捕手）さすがに美事なショットで、ショートアプローチも鮮やかであった。

シミケン（清水の愛称）から「お前のインパクトはいいぞ」とおだてられたことも私をゴルフ中毒にした一因かも知れない。三木が亡くなる一、二ヵ月前の最後のプレーでホールインワ

東大精神科脳球会。1995年４月、八王子カントリークラブ

東大医学部教授会ゴルフくらぶの諸君と

ンを果たしたという話も忘れられない。

　十四年会のゴルフコンペはその後、中田馨、土屋文雄の両君が加わって、橋爪、小原、私の五人で今でも時々プレーを楽しんでいる。もう誰も五〇を切ることができなくなったが、お互いに憎まれ口を叩き合って結構アップアンドダウンの激しい御殿場のコースをラウンドしている。まだ当分続けられそうである。

　東大医学部教授諸君のゴルフグループUTPGは、私が退職して間もなく、小林太刀雄君の肝煎りで作られ、私もOBということで参加することになった。たしか、昭和四十一年ごろではなかったろうか。現役では小林太刀雄、小林隆、上田英雄、吉利和、大島良雄、鹿野信一、草間敏夫、吉川雅己の諸君、ＯＢでは、進藤審二、私などだったと思う。残念なことにここ数年 UTPG は休止したままである。実は大島良雄君と私が次回の世話人になっているのだが、その機会がないままになっている。そのうちに責任を果たすことにしたい。

3)　武球会のこと

国立武蔵療養所の職員にゴルフ熱が盛んになったのは私が所長として赴任してからのことである。私がＩＣＵゴルフ・コースのメンバーで、このコースが武蔵療養所から二、三十分の近くにあったので医局の諸君とよくプレーしにでかけているうちに、同好者が増え、武球会というグループができた。医局だけでなく、事務、看護、現場などあらゆる職種の人たちが参加して三十人近い会員がいる。ＩＣＵコースが閉鎖されてからは、年四回のコンペの度に設営係はコースをとるのに苦労しているようである。腕前の程はピンからキリまであって、初めの頃は他のプレーヤーに迷惑

武球会の諸君と。朝霧高原で。

をかけては困るとはらはらさせられたこともあったが、今では私など到底勝ち目のないベテランに成長した者が何人も居り、武球会の中心になっている。職場でのややこしい人間関係から解放されて全く対等な立場でつきあうコースでの出会いはゴルフ冥利というものだろう。

武蔵のOB諸君が年二回ぐらい楽しんでいるゴルフ・コンペもせんだって横浜国際CCで第十二回の会を開いた。ふだん顔を合わす機会のない忙しい私たちだからお互いの友情の絆として大切にしようと話し合ったものである。

数年前から武球会の諸君のよびかけで、新潟県の犀潟療養所、長野県の小諸療養所及び武蔵の三療養所の定期試合が廻持ちで開かれている。赤倉コース、大浅間コースなど当番施設の土地柄を反映するところでプレーできるのが何よりの楽しみである。犀潟の顧問格の沢政一教授（新潟大学医学部）は私の好敵手だが、私はずうっと負け続けである。

国立療養所は全国に一六〇ほどあるが、所長さんのなかにはゴルフマニアが少なくない。学会や会議を機会に所長有志のコンペがよく開かれる。城鉄男（国立療養所宇多野病院）、八塚陽一（山陽荘）、望月立夫（静澄園）、牧田豊（松本療養所）、久保義信（箱根療養所）の諸君とのコースでの珍プレーの一コマ一コマを楽しく想いだす。

ゴルフ歴が二十年にもなるというのに、スコアのほうはさっぱりである。よほど反射神経が鈍くできているに違いない。だがゴルフには将棋や碁と違って、勝負のほかに大気の中で全身を適度に動かすという効能がある。それも単独ではなく（ひとりでもできないことはないが面白くない）何人もの仲間との共同作業であることに意味があるようだ。その上、ルールを守ることが他人の監視ではなく、自分自身の責任に委せられていることもこのスポーツの特徴である。

そんなわけで私もゴルフという曲者のとりこになり、文字通り下手の横好きの心境に甘んじて、性懲りもなくコース通いを続けている。端から見れば全く滑稽な話であろう。ただ、ゴルフをやって一番ありがたかったことは、多くの友を知り、友情を深めることができたことである。なんとか会などと銘うったグループだけでなく、旅先で思いたったゴルフも楽しいものである。去年の五月久留米にでかけた時、ブリヂストンのコースで久留米大学の王丸勇名誉教授、稲永和豊教授とプレイを楽しむ機会があった。王丸さんは私より年長だが、七十歳を過ぎてゴルフを始めたということだった。驚いたことに弟子の稲永君も顔負けの健脚で、柔道の達人らしく、王丸流のゴルフ道を編みだすんだと意気旺んであった。ワンラウンドでは疲れた様子もなく、今度はやられたがこの次は君を打倒するよ、と再会を約束した。そのうち是非一戦を交えたいと思っている。

一昨年、去年と二回、〝対決〟した大阪医科大学の満田久畝名誉教授との決着もまだついていない。二回とも同スコアだったが、今年こそは勝利を納めたいと思っている。満田君も定年近くなってゴルフを始めた猛者である。こんな風に書いてくると私とゴルフとの絆はますます深くなる一方である。この四月には公務から解放されるが、ゴルフ礼讃の旅で友情を深める機会をもっと多くもてるのはありがたいことである。

後記　王丸さんも満田さんもいまは故人となった。

（Clinic Magazine 第三六号、一九七七年四月）

13　ＷＰＡホノルル会議に出席して

今度のハワイ旅行の目的は二つあった。一つは明治十九年、ハワイ王朝に招かれて九年間にわたり、ハワイ現住民と日本人移民の癩患者の診療に献身した癩医、後藤昌文の事蹟を調べること、もう一つは数年来私の念頭を離れたことのない精神医学の倫理をめぐる問題（ソ連の精神医学悪用もその一つ）が、ホノルルで開かれる第六回世界精神医学会議（ＷＰＡは World Psychiatric Association 世界精神医学会の略称）でどのような展開をみせるか、この眼で確かめることだった。ここでは第二の問題だけをとりあげたい。

ソ連の精神医学悪用の実態とそれへの私の見解は、昨年出版された「精神医学と反精神医学」（金剛出版、一九七六年）のなかの一章「良心の囚人とソ連の〝反精神医学〟」で委しく書いておいた。ソ連精神医学の代表者アンドレイ・ブラディミロビッチ・スネジネフスキーやゲオルギ・モロゾフらの反論（一九七三年九月二九日、ロンドンのザ・ガーディアン紙に掲載）にもかかわらず、ソ連の指導的精神科医による分裂病の診断基準が、思想の自由の侵害（ソ連には〝改革者妄想〟reformist delusion という〝症状〟がある）につながる不合理で、不当なものであることは明らかであった。

あの文章のなかでも書いておいたように、ソ連の精神医学が権力を維持するための手段として、反体制活動家の弾圧に用いられている事実は一九六〇年代に入って、国外に知られるようになったが、精神科医がはじめて真正面からこの問題をとりあげたのは一九七一年一一月、メキシコ市で開かれた第五回世界精神医学会議である。ウラディミル・ブコフスキーの「西側精神科医へのアピール」（一九七一年三月）がきっかけとなって、ヨーロッパ諸国の精神科医の関心が集まり、同年九月、イギリス、フランス、西ドイツなどの精神科医四十四名が署名した声明文が英紙タイムズに発表されて、大きな反響を呼び（一九七一年九月）、カナダ精神医学会は、メキシコ会議でこの問題を議題とすることを理事会に要請した。

このような世論の盛りあがりにもかかわらず、メキシコ会議では、理事会が紛争をおそれてこの問題を総会に上程することをしぶり、全く黙殺されてしまったといういきさつがある。この会議での論争に期待した、精神医学悪用に批判的な世界各国の精神科医の失望がいかに大きかったか想像にかたくない。

　メキシコ会議以後の状況は私の文章で明らかにしたように、政治目的のための精神医学悪用がひとりソ連においてつづいているばかりでなく、それ以外の国家もその例外ではないことが、多くの報道から察知される（アメリカのＣＩＡが行った洗脳実験「ＭＫウルトラ・デルタ」への精神医学者の関与、など）。これに伴って、一九七三年前後から、世界各国の精神科医の間に、自国をも含めて、精神医学の悪用を廃絶するための闘いが発展して、大小さまざまな組織が作られたとの情報が、私の書斎にもとどいていた。イギリスではフルボーンの院長Ｄ・Ｈ・クラーク君が「反体制活動家の精神病院拘禁に関するワーキング・グループ」（Working Group on the Internment of Dissenters in Mental Hospitals）に加わって同志とともに活動していることや、西独ハイデルベルグのフォン・バイヤー教授（彼は一九七一年の声明書に署名した四十四名の精神科医の一人である）が、「精神医学の政治的悪用に反対するドイツ連合」（Deutsche Vereinigung gegen politischen Missbrauch der Psychiatrie）の会長をつとめていることも知らされていた。

　だから超大国ソ連とその衛星国がそれにたちむかう批判勢力とホノルルでどんなつばぜりあ

いを見せるか、これは正直いって私の興味をそそらないわけがなかった。こういう傍観者的言辞はつつしむことにして、私も、メキシコ会議の二の舞いを演じないように会議をはこばせるために、できたら批判勢力の手助けをしたいという気持もないわけではなかった。

ホノルル会議のはじまる前から、ソ連の弾劾決議が総会に上程されるというので評判になり、肝心の会議に集った精神科医よりも、ホノルル市民が新聞やテレビからの予備知識をもってていたのには驚かされた。私たちの親戚にホノルルとカネオへ（オワフ島北側の町）に住んでいる日系アメリカ人の家族がいるが、日本はこの問題でどんな態度をとるのかと聞かれて、自分の国のことで頭が一杯で他の国のことなど考えるひまがないのだろうと、いささか無責任な答えをするしかなかった。

あとで述べるように、総会では各国の国内学会 Nathional Society の代表 Delegate が学会で決定された意志を投票で表明することになるのだが、この問題についての日本の学会の意志などというものは存在しないのだから、代表といっても名目だけで、個人的意見の表明にとどまらざるを得ないのがわが国の現状なのである。日本から二百名をこえる参加者があったというのに、なさけないというほかはない。

開会式の前日八月二十八日の午後、会場であるシェラトンワイキキホテルにでかけた。会員登録の手続きをするためである。登録の窓口が少ないばかりでなく、係が不慣れで、簡単な手続きがはかどらず、どの窓口も長蛇の列である。それでも怒声がとばないのは精神科医がまだ紳士だからだろう。いつものことながら日本の国際学会の事務処理の鮮さが思いおこされる。

今度のWPAホノルル会議のハイライトは何といっても精神医学の倫理問題である。メキシコ学会の前からWPAの執行部、とくに書記長デニス・リーは、ソ連の精神医学悪用を糾弾する世論のたかまりに応え、精神医学の信頼を回復するためには、WPAの倫理的基本姿勢を明文化する必要があると考えたようだ（一九七七年度WPA書記長報告 Report of the Secretary General、一九七七年による）。そのための委員会設置が提案され、メキシコ学会の総会でソ連を含めて満場一致承認された。しかし、それが実際に発足したのは一九七三年八月である。発足がこんなにおくれたのは、委員会の任務をめぐって、アメリカ精神医学会APAとソ連の間に意見の対立があったからだ。APAはソ連の精神医学悪用など具体的な倫理的問題を論議すべきだとするのに対して、ソ連は精神医学倫理の普遍的原則に論議を限定することを主張したからである。

結局、ソ連の意見が理事会を支配して、抽象的な精神医学倫理一般を問題とする性格の委員会が作られた。このWPA倫理委員会 Ethical Committee は委員長ゲルト・ウレトマーク（スウェーデン）、レオ・アイティンガー（ノルウェー）クラレンス・ブロムキスト（スウェーデン）の三人で比較的中立的立場をとる精神科医である。このなかのアイティンガー教授とはホノルルで晩餐をともにしたが、彼はソ連の状況について厳しい態度をとっていることがわかった。

この委員会のおもな仕事は、ハワイ宣言の原案の作製であった。一九七六年六月その最終案がまとまり、書記長はその案文をＷＰＡ加盟の各国学会（現在七十数ヶ国に達する）に送って修正を求めたという。わが国がどんな態度をとったのか、私は知らない。ホノルルではじめて私は約一頁半の美字麗句をならべたハワイ宣言を目にした。誰も文句のつけようがない立派な宣言である。

しかし、誰かが云ったように、これはハワイ学会のデコレーションにすぎないのではないか。だから、ハワイ宣言はソ連も安心して承認した。

第一日の「精神医学の倫理的側面」Ethical Aspects of Psychiatry を主題とする全体会議 Plenary Session では、倫理委員会の委員の他に、西独のエヤハルト、アメリカのフリードマン、セネガルのディオップらが演説した。印象に残ったのはソ連の代表エドアルド・ババヤンの、ソ連精神医学がいかに倫理的で人道的であるかを表や統計をあげて強調した報告である。

アムネスティ・インターナショナルの報告や多くのサミズダート（地下出版物）で述べられているＫＧＢ（国家公安委員会、秘密警察）支配下の特殊精神病院の実態とほどとおい彼の話に何か空々しい思いにかられないわけにはいかなかった。彼がＷＰＡの規約で公用語として認められていないロシア語で演説を行い、勝手に本国から連れてきたロシア人通訳に英訳させたことも私には納得がいかなかった。これは彼の横紙破りよりも、座長のウレトマークの不見識を責めるべきである。この日の夜の総会 General Assembly はその構成からは代議員会といったほうがよいのだが、ここでソ連をも含めて満場一致ハワイ宣言が承認されたことはいうまでもない。

開会日の「精神医学の倫理的側面」が表面的な儀礼に終ったのに対して、翌三十日夜八時半から同じ会場で開かれた「精神科医の倫理」The Ethics of the Psychiatrist をめぐる討論集会では、ソ連をはじめとする独裁国家で常習化している精神医学の悪用が真正面からとりあげられた点で画期的だったといってよい。この特別集会は昨年九月、アメリカ精神医学会の緊急要請によってプログラムに加えられたものである。この集会に出席して私は前日の開会式はもちろんのこと、「精神医学の倫理的側面」を謳った全体会議に比べて、はるかに多数の参加者を集め、白熱した討論が展開されたことに深い感銘を覚えた。

この自由討論では、ソ連の精神医学悪用を身をもって体験した反体制精神科医の生々しい報告が、多くの聴衆の胸を打ったようであった。私の傍にいた南ア連邦からベネズエラに亡命したという一人の老精神科医は、これは他人ごとではない、あなたがたにはわからないだろうが、とその感想をもらしていた（南ア連邦では白人の専制に対して自分たちの権利を主張する多数の黒人が、政府の財政的援助で経営されている私立病院に拘禁されており、この国策を批判する精神科医は追放処分になるということである）。

昨日の全体会議には代弁者を演壇におくったソ連は、あらかじめ報告者の参加が要請されていたにも拘わらず、誰も出席させていなかった。だから、ソ連の反論はこの集会では遂にきくことができなかった。司会者が朗読したソ連代表団のこの集会へのメッセージは、この集会の意義を過少評価した形式的な不参加の弁明に終っていた。

ソ連の代弁者ババヤンが第一日の全体会議で胸を張って述べたことが事実であるならば、この自由討論の場こそ、反体制精神科医の〝反共宣伝〟と〝欺瞞〟（それがソ連の指導的精神科医の口癖である）を、ここに集った、事実を知らぬ聴衆の前で曝露すべきではないか。多くの聴衆がそんな思いを抱いたままで、この集会が終ったのは十二時すぎであった。

私にとってもっと感慨が深かったのは八月三十一日午前十一時からハワイアン・リーゼント・ホテルの一室で開かれた「政治目的のための精神医学悪用に反対するフランス精神科医の会」(The Committee of the French Psychiatrists against the Use of Psychiatry for Political Ends）の主催する討論集会であった。二百人ほどの集りであったが、フランスの精神科医グループの他に、イギリス、スイス、西独、カナダ、オーストラリアなどの諸国の同じような精神科医グループが参加して、情報の交換が行われた。この集会には、ソ連の亡命精神科医マリーナ・ボイカンスカヤとボリス・ツォウボックが出席していて、前夜の特別セッションの時にきいたよりももっと詳細にわたった精神医学悪用の実状報告があった。

マリーナ・ボイカンスカヤは、ソ連精神医学の非科学性を批判したことで投獄され、いまなお矯正労働キャンプ（その実態はソルジェニツィンの「収容所群島」に詳細に描写されている）に拘禁中のウクライナの精神科医セミヨン・グルヅマン（「精神医学と反精神医学」二八九～二九〇頁参照）に次いでソビエト精神医学を批判して、祖国ソビエト・ロシアを追われロンドンに亡命した反体制精神科医である。

彼女はイギリスのワーキング・グループの一員として精神医学悪用を糾弾するために闘っているが、開会当日、私はクラーク君に紹介されて彼女に会っている。加藤正明、寺島正吾の両君も同席して彼女の体験談に耳を傾けたものである。この一見弱々しく小柄で、つぶらな瞳をもったユダヤ系の女医さんのどこにそんなたくましい闘志と活動力が秘められているのだろうか。マリーナの話はいつか別に書いてみたい。

もう一つ、この自由集会で、レオニド・プリューシチ（ウクライナの数学者。一九七三年、反ソ煽動と宣伝の罪で逮捕、セルプスキー研究所の精神鑑定で、〝精神異常〟と診断され、〝強制治療〟のため、ウクライナ共和国のドニエプロペトロフクス特殊精神病院に拘禁。国外からの救援活動の結果、一九七六年一月、釈放、国外追放となる。「精神医学と反精神医学」二七五〜二七六頁参照）から特殊精神病院での〝治療〟の実状を聞くことができ、私は精神医学の悪用がソ連に実在することを一層深く確信した。

私はこの集会で、日本では精神医学の政治的悪用の事実がまだ充分知られていないこと、従ってまた、この問題を考える精神科医のグループも組織されていないこと、しかし、私個人として諸君と連帯して精神医学の政治的悪用を廃絶する戦列に加わる用意があることを表明しておいた。西独のワインベルガー君やホノルルのアムネスティ・インターナショナル支部や人権擁護委員会の諸君など、沢山の人たちから握手を求められた。

さて、肝心のソ連精神医学糾弾決議のことだが、この決議が上程されたのは八月三十一日の夜の総会 Ceneral Assembly であった。決議案は二つで、一つはオーストラリア・ニュージーランド精神医学会 Royal Australian and New Zealand College of Psychiatry が提案した精神医学の政治的悪用、特にソ連のそれを弾劾する決議案、もう一つはアメリカ精神医学会提案の精神医学悪用に関する調査委員会 Review Committee の設置案である。

ＷＰＡ総会の構成は定款で、加盟各国の国内組織（わが国では日本精神神経学会）が推せんした一名づつの代表 Delegate によって成立する。普通、国内組織の会長もしくは理事長が代表となっているが、わが国の代表は日本精神神経学会の理事長ではなく、ＷＰＡ委員会

Committee of WPA の委員がつとめている。だからWPAの日本代表は日本の唯一の国内組織である日本精神神経学会の役員とは無関係だという変則的な状況におかれている。どうしてこんな馬鹿げたことになったのか。日本精神神経学会が国際的代表機関として機能する能力を喪失しているからである。

WPA総会は報道関係者以外には非公開で、原則として、理事会 Excutive Committee 及び委員会 Committee のメンバーと加盟国の代表しか出席できない。だから、問題の決議案が討議された総会の模様を私は確認してない。しかし、ソ連弾劾決議というセンセーショナルな事態だけに、世界各国のジャーナリストの関心が集り、地元ホノルルのテレビや新聞でも大きくとりあげた。新聞の切り抜きだけでも相当の分量である。それらを紹介すると面白いのだが、結果だけを記しておこう。

まず、投票に先だって、提案者側の趣旨説明演説につづいてソ連とその支持者の猛烈な反論が行われ、論戦は延々数時間に及んだという。ソ連とその同調者の引き延ばし作戦に業を煮やした書記長の決意で投票に入ったのは午後十一時を過ぎていた。投票した代表は五十五名だったと新聞は伝えている。

第一の決議案は賛成九〇票、反対八八票、二票の差で通過した。また第二の決議案は賛成一二一票、反対六六票、白票四票で通過した。

ところで、投票の数と投票者（加盟国代表）の数が一致しないのは、代表の投票数が、一人一票ではなく、代表の所属する国内組織（国内学会）の会員数（実数ではなくWPAにおさめる分担金の基礎になる数）に応じて百名について一票と定款で定められているためである。ただし、一人の代表のもつ票数は三〇票をこえないことになっている。このようなとりきめで、アメリカ代表は三十票、ソ連は二六票、日本は四票ということになる。アメリカ、ソ連、イギリスに次いで最大の会員数（WPA報告では三五八四）をもつ日本が四票というのもおかしな話である。

もし加盟国それぞれ一票ということで投票が行われたら、どういうことになるだろう。新聞の報道によると、第一の決議は賛成一九票、反対三三票、第二の決議も賛成二一票、反対二六票で、否決という正反対の結果となるわけだ。

ソ連が、投票の手続きに異議を唱え、あれでは金持ちの国が得をして貧乏な弱小国は損をするというのにも一理ないわけではない。しかし、こんな不合理でおかしなWPA投票手続きをきめたのは、理事会の一員として決定に責任をもつソ連自身なのだから、自ら墓穴を掘ったとしかいいようがないだろう。いかにも、未練がましい敗者の愚痴である。

しかし、私はこのホノルル総会での決議案の投票結果を重視する必要はないと思う。決議案が通ろうと通るまいと、権力による精神医学の悪用が現実に実存することは疑いのない事実であり、その結果、基本的人権を侵害された良心の囚人がソ連だけでなく、世界のいたるところで呻吟していることもまた事実だからである。

WPAホノルル会議ではじめて精神医学の倫理が問われ、精神医学悪用の事実が国際舞台ではじめて白日のもとに曝露されたことは、その廃絶のために闘う世界中の人々に勇気を与えるに違いない。

精神医学悪用を弾劾する決議をしたからといって、それがなくなるわけのものではない。精神医学悪用を調査監視する委員会の設置が決議されたからといって、ソ連の代表が委員会の成功を祈ると冷笑したように、委員会が一国の主権を冒すわけにはいかない。鉄の壁は厚い。しかし、それでもなおわれわれ精神科医はその良心の命ずるところに従って闘い行動しなければならない。

会場となった豪華なシェラトン・ワイキキホテルにくらべると、ひどく貧弱でみすぼらしいアパートメント・ホテルの一室で、新聞切り抜きやパンフレットを整理しながら、そのような感慨を禁じえなかった。昨日午後、会場シェラトン・ワイキキホテルの美しい前庭で、ホノルル人権擁護委員会のメンバーによる精神医学批判のデモ（電気ショック、ロボトミー、薬づけ反対）が整然と行われたことも最後につけ加えておこう。

あと書きみたいになって恐縮だが、八月二十九日の夜ワイキキビーチに面したモアナ・ホテ

バニアン庭園で金沢の諸君と

ルのバニアン庭園で金沢の教室の同窓諸君と歓談の一時をもったことも忘れられない想い出である。山口教授をはじめ、山崎、川田、道下、島田、岡部、中川、高柳の諸君とハワイ風の晩餐をともにしたあと盛り沢山のポリネシアンショーを堪能した。バンクーバーからカナディアンロッキー、それからアメリカ西部と強行軍のスケジュールでホノルルに到着したばかりという諸君だったが、みんな元気で旅を楽しんだようだ。

ここは昼間の焼けるような暑さとうってかわって日が暮れるとたちまち涼しくなる。バニアンの樹林を通って海から渡ってくるそよ風がマイタイやブルーハワイでほろよい気分になった私たちを一層心地よくしてくれた。昔、じょうだんに、ハワイで教室の同窓会をやろうや、などと放言したことがあったが、それがほんとに実現したのだから、長生きはしたいものである。この次ぎは世界のどこで同窓会があるのだろうか。楽しみにしている。

（「金沢大学医学部神経精神医学教室同窓会会報」第二号、一九七七年十一月）

14　石戸政昭君のこと

武蔵にアルコール症の専門病棟を作ることは私が着任した昭和四十一年当時からの強い願いだった。丁度国立精神療養所基幹施設として武蔵を整備する計画が進められている時だったので、新しくアルコール病棟の新設をこの計画に含めることにした。しかし、困ったのはアルコール症治療を担当する人材が武蔵の医局では得られないことだった。病棟の建設がはじまった昭和四十三年のはじめごろから、適任者を求める努力をつづけたが、アルコール症の診療と研究に識見と経験をもつ精神科医が悉無にひとしいことに驚かされるばかりで、なかなか目的を達することができなかった。そんな時、清野昌一君の紹介で私は石戸政昭君を識ったのである。

当時、石戸君は小樽市立静和病院に勤務していたが、武蔵に新設されるアルコール症病棟で仕事をしてみたいということを清野君から聞き、上京してもらうことにした。それがいつだったか思いだせないが、初対面の印象だけは今も私の脳裏に鮮かである。アルコール症の診療を専門にしていたわけではないが、前から関心があり、もし機会が与えられるなら勉強してやってみたいということだった。あらかじめ送ってもらって読んでいた石戸君の論文は、たしかL

ＳＤなど二、三の精神症状惹起薬に関するもので、臨床観察の緻密なこと、考察の着実なことなどで卓越していた。石戸君と直接会って話してみて、私が敬服した論文の著者のひとがらに一層惹かれるところがあった。そんなわけで私はアルコール症病棟創設の仕事を石戸君に托することとなり、彼自身にとってはその生涯を賭けた仕事に就くことになったのである。

石戸君が武蔵に着任したのは昭和四十三年六月十六日である。彼が亡くなったのは昭和五十二年六月一日だから、丁度九年在職したことになる。この九年間に武蔵のアルコール症治療は着実に発展し、石戸流の治療法が学界でもようやく評価されはじめた時彼は忽然として去ってしまった。昭和五十年に石戸君が発表した「アルコール中毒治療専門病棟における集団的治療活動について」（増田陸郎編「アルコール中毒は治る」第一巻、昭和五十年三月）を改めて読んでみたが、困難な試行錯誤のつみかさねのなかから、集団療法を軸とする石戸方式ともいうべき治療の体系が形成されていく過程が感動的に書かれており、教えられるところが多い。彼のいうアルコール症患者集団が「常に治療的に前向きのかまえをとるような雰囲気がつくられる」ためにはなによりも「治療スタッフのチームワークが緊密で、治療方針や考え方が一貫していなければならない」というのが石戸君の持論だったが、彼はそのような治療チームを見事に作りあげていた。臨床医として最も尊敬されなければならないチームリーダーの資質をそなえていたからこそ、彼は患者の信頼にこたえ得る治療の場を創造することができたのだと思う。

石戸君をわれわれから奪い去った心筋梗塞がいつごろから始ったのか私は知らないが、昭和四十六年五月、一過性の脳虚血発作で、欠神とそれにつづく左上肢のしびれがあり、一週間ほど休養したことがある。おそらくこの時の発作が最初の徴候だったのだろう。その後、高血圧がつづき、降圧剤を服用していたようだが、ひと一倍我慢づよい彼は忙しい病棟の仕事に精励したばかりでなく、断酒会の集りや地域の啓蒙活動に積極的に参加して働いた

重い心臓発作が襲ったのは昭和五十一年七月二十日、病棟で診察中のことである。この日、附近の病院に入院、心電図の所見から重症の心筋梗塞と診断され、ペース・メーカーの装着も考慮されたが、その後の経過は幸い良好だったので愁眉を開いた。同年九月退院、自宅で療養していた。この間、病棟のスタッフ、患者諸君の心配、気づかいの深いのに私は心を打たれた。誰も彼も石戸君の回復を祈った。

まだ主治医から許可がないのに病棟に顔を出し、十月末から仕事をはじめた。段々仕事の時間が長くなるのでスタッフが心配していたが、案の条、十二月二日、胸痛、頻脈、血圧上昇がおこり、入院することになった。幸い、間もなく病状が落ちついたが、正月を病院ですごし昭和五十二年二月十九日退院した。三月末だったと思うのだが、まだ自宅療養中だった石戸君がひょっこり私の部屋を訪ねてくれた。間もなく退職する私に挨拶に来てくれたのである。こっちの方から見舞いに行くつもりだったのに、というと、彼独特な人なつこい顔をほころばせて、

すっかりご心配をかけましたが、充分養生したので、もう大丈夫です、と笑った。血色も大分良かったので私もこれならほんとに大丈夫かなと思った。それから二人でアルコール学会のことなど話して別れた。

石戸君が急逝したのは私が武蔵を去ったあとのことである。昭和五十二年六月一日、午前十一時三十分病棟で勤務中、心臓発作に襲われ、救急車で病院に搬送の途中絶命した。享年四十九歳であった。彼が最も愛したアルコール症病棟の仕事場でその仕事に殉じたのだから、私から見ればうらやましい死にざまでもある。

石戸君の没後、友人有志がはかって三人の遺児のための教育資金を集めていることを記しておく。

（北海道大学精神医学教室「同門会誌」第三号、一九七七年十二月）

15　歌集「葦かび」を読む

むさしが生んだ三人の歌人、鎌田武雄、飯島慶子、木村富夫の歌集「葦かび」が、多くの人々、就中、短歌クラブで三人の作歌を指導された千種千鶴子さん、印刷用紙を提供してくれた羽生りつ総婦長、それから、歌集の印刷と装丁に骨を折った、作業療法科の浅海捷司さんたち、それらの人々の善意に育まれて刊行される運びになった。

私は先日、この歌集をゲラ刷りで読んで、あらためて深い感動にうたれた。短歌を作ったこともない素人である私に、この歌集が深い感動を与えたのは何故であろうか。

三人とも精神の病気という負い目を担いながら、長い療養生活を続けている人たちである。その病歴にはその時々の精神症状が記され、病気についての診断が下されているが、医学的に記述された「患者」の像からは到底思いも及ばない、健康で生き生きとした人物をこれらの短歌のうちに発見したことが、私を感動させた最も大きな理由ではないかと思う。

素人の私には、この歌集に載せられた作品の短歌としての巧拙や技巧を評価することはできないが、どの作者の歌にも心の明暗が素直に表現されていて、私の心の琴線に触れるものがあることだけは確かである。多くの秀歌の中から、私の心に残った数首を挙げさせてもらう。

わがこころ人には告げず闘病のカルテは医師に托せしまゝに
療庭に夕闇こめてわが持てる希望の如き遠き街の灯
（鎌田武雄集）

遠くより面会ありて療友は安けき眠りに早くつくらし
海の匂い恋いしき時はデパートの海水着売場をあちこち歩く

放心の砂鉄磁石に吸はるごと脳院に向い患者われ帰る
（飯島慶子集）

揺れている木立の下に寂寥の核なすごとく池の水あり
（木村富夫集）

かつて、私は、ハンセン病の療養所の療養生活のうちから生まれた、北条民雄の小説に心を動かされたことがあった。過酷な運命の中で、小説や詩歌を作るのは、この運命に対決する抵抗の試みであり、それを可能にするのは強靭で健康な精神である。北条の小説は、まさにこのことを示したのであったが、今読んだこの歌集は、それが、精神の病いがある場合にも妥当することを証明したといってよい。精神の病者にあっても、健康な精神の領域が生きていることを知ることは、精神の病気を治療する仕事に携わる私たちを、何よりも勇気づけてくれるだろう。

三人の作者にとって、短歌は、治療的にも重要な役割を演じたが、それは恐らく、生涯の伴侶となって、三人のこれからの生活の中で生き続けるにちがいない。次の歌集が編まれる日を待ちたい。

（歌集「葦かび」序文、一九七〇年七月）

16　精神分析と私

精神分析は今日、日常用語としても広く用いられている。映画やテレビに登場する医師の多くは精神分析医か脳外科医である。『失われた時を求めて』のマルセル・プルーストや『ユリシーズ』のジェームス・ジョイスをひきあいにだすまでもなく、精神分析の知識をとりいれた文芸作品が少なくない。精神分析が登場した今世紀のはじめに比べて、とてつもなく巨大な情報手段として発展したマスメディアが、精神分析というそれ自体は難解で学問的にも未成熟な知識体系を、その断片だけだとしても医学の領域をこえて一般化させた責任者であることは確かだが、それを可能にしたのは精神分析が、マスメディアによって代表される大衆の興味と関心を惹きつけるだけの新鮮な魅力を持っていたし、また、いまでも持っているからである。

精神分析の魅力とは何か。そのことを述べる前に、精神分析は難解で、なまはんかなことではその要旨を会得しがたいのだが、最近出版された『精神分析用語辞典』はこの悩みを見事に除いてくれる好著であることをまず強調しておきたい（ラプランシュ、ポンタリス原著、村上仁監訳『精神分析用語辞典』みすず書房、八千円）。

この本の序文で、二十年前にこの本の企画をたてたダニエル・ラガーシュ（一九〇三―一九七二年）は次のように書いている。

「精神分析に対する反感は、しばしばその用語についての悪口として表現される。…すべての科学的新発見は常識の型のなかにではなく、常識に矛盾し、それに反対することによって作られる。精神分析のおこしたスキャンダルは性欲に重要な意味を与えたということより、世界および自分自身との関連における人間の心的機能の理論のなかに無意識の幻想的なものを導入したということである。普通の言葉には、常識的に見れば存在しないかのような心的構造や動きを指すための用語はない。従って新しい用語が必要となる…」

この短い引用からだけでも、精神分析が、誰でも関心をもたずにはいられない、人間の心の問題に、その時代の〝常識〟の意表をつく思想を提出したことが魅力の源泉の一つであることを理解することができる。

この本にあげられているのは、この序文のように、これまでの常識の枠をはみだした独創ともいってよい思想を表現するために主としてフロイト自身がつくった二百あまりの用語に限られている。その数は必ずしも多くない。しかし、それらの一つ一つは、ちょうどある組織的な集団を構成する一人ひとりの個人のように、その歴史とともに役割と機能を与えられており、それらは決して孤立することなく相互に連結されていることがこの本を読むとよくわかる。

よく辞典は知識の断片の集積だとか、知識の百貨店だとかいわれる。百貨店も必要だが、この〝常識〟にはずれた辞典の見本が『精神分析用語辞典』である。精神分析を知識として理解すること―精神分析は元来心理療法の一つの技法として出発したし、また存在するのだから、真の理解とは臨床的経験を条件として成立するのだが、ここでは臨床の上部構造としての知識だけを問題にする―のためには、フロイトの膨大な著作（たとえば「フロイト著作集」八巻、一九七一―一九七五）や、日本語で書かれ、または翻訳されたものだけでも多数にのぼる単行本や論文（そのリストが本書のフロイト著作年表に載っているので便利である）を読まなければならないが、そんなことが簡単にできるわけはない。私自身「フロイト著作集」の全部に目を通していない。

この『用語辞典』が精神分析の解説書や文献を読まなくても、精神分析を理解し、知識を深めていくのに役立つのは、それが精神分析に独特な一つ一つの用語の発達史と役割をわかりやすく、フランス的な明晰性をもって記述しているからである。どのページのどの用語でもよい。一つの用語をとりあげ、それを手がかりとして、精神分析の考え方全体に迫っていくことさえ可能である。しかし、多くの読者はそんな思いつきの読みかたではなく、疑問に思う用語から検討をはじめるだろう。そうすると、その用語を端緒として、さらに新しい疑問がおこり、その解決の鍵となる関連の用語の探索にむかうにちがいない。このようにして、体系としてまとめられた本を受け身の形で読むよりも、はるかに能動的、かつ主体的に知りたいと思う知識を身につけることができる。ラガーシュは、この辞典の編集方針を歴史的・批判的方法と呼び、その前例はアンドレ・ラランドの『専門的・批判的哲学用語辞典』だと書いているが、さまざまな専門領域でこのような形の辞典が必要ではないだろうか。

一つ具体的な例をあげよう。コンプレックスという日常よく用いられる言葉がある。かなり広く定着した外来語だから、普通の外来語辞典にもあげられている。これは、しかし、まぎれもない精神分析用語である。コンプレックスをもっている、などという場合、私たちは暗黙のうちに、この言葉に対応する何かがあることを了解する。その何かは心のわだかまりとよんでよいだろう。心のわだかまりをコンプレックスというだけでは、それが心のはたらきのなかでどのような役割を果たしているかを理解しているとはいえない。そのためには精神分析からの解答が必要である。『用語辞典』には次のように書いてある。「コンプレックス。強い情動的価値をもち、部分的にあるいは全体的に無意識に属する表象と記憶との組織化された総体。コンプレックスは幼児期の生活史の対人関係から構成される。それは感情、態度、適応行動など、すべての心理学的水準の機能を構成する」。

私たちが日常会話でさりげなく用いているコンプレックス、心のわだかまりは精神分析の概念として深い意味をもっていることをこの簡潔な定義から知ることができるのだが、しかし、この定義だけではどこに深い意味があるのか理解することは難しい。コンプレックスが所属するという無意識とは何か。幼児期の対人関係とは何か。すべての心理学的水準を構成するというのはどういうことか。コンプレックスの種類と役割は何か。これらの疑問が次々と湧出してくるだろう。

無意識、これこそフロイトが発見した「常識的に見れば存在しないかのような心的構造」（ラガーシュ）であり、精神分析の主要な研究対象であり、心の病気の成因や機構を理解し、治療するための領域である。コンプレックスが所属するところの無意識を学ぶことによってはじめてコンプレックスの意味と役割が理解でき、コンプレックスと抑圧との関係、無意識とエス、意識と自我、超自我などの精神分析的諸概念を統一的に理解できる。私はここで精神分析の解説をするつもりはないので、リビドー、快楽原則、現実原則、性の欲動（エロス）、死の欲動（タナトス）など、人間の精神生活と社会行動を動機づけている機制と原則がばらばらではなく、有機的に関連していることを指摘するだけにとどめておく。

この辞典で面白いのは、ゴシックで印刷された用語の定義だけでなく、その注解の小さい活字の部分である。それを読むと用語の意味に少なからぬ変遷を示すものがあり、それはフロイト自身の考え方の変化のほかに、精神分析の研究者の間に意見の相違があることがわかって大変興味深い。これは精神分析が一面では未成熟で未完成である証拠だが、他面ではたえず発展しつづける、若いエネルギーをもった探求の領域であることを示しているように思われる。精神分析の魅力の一部はこの点にあるのかもしれない。

　精神分析の創始者ジグムント・フロイト（一八五六―一九三九）の伝記を書いた弟子アーネスト・ジョーンズ（一八七五―一九五八）はフロイトを「不滅の人」とよんでいるが、精神分析の魅力はその作者「不滅の人」の人格と生涯にあると私はいいたい。フロイトはナチスがオーストリアに進駐してウィーンを占領すると、ユダヤ人であることと、その教説が反ナチスであるという理由で逮捕されるところを危うく逃れてロンドンに亡命する。私はいまから十数年前、ジョーンズのフロイト伝（アーネスト・ジョーンズ『フロイトの生涯』紀伊国屋書店、一九六四年）の訳者でニューヨークの精神医学研究所で精神分析を教えていた竹友安彦君と、ブロードウェーの名前は忘れてしまったが、新劇を上演する小劇場でフロイトを主人公にした演劇を見たことがある。

　ハイル・ヒトラーという叫び声が舞台裏からひびいてくるなかで、老いたフロイトがわずかな書物と原稿の包みをかかえて、ナチス突撃隊員の銃剣にかこまれながら、ウィーンの自宅を追い立てられるようにして去っていく幕切れのシーンだけではいまでもあざやかに私の目に浮かんでくる。フロイトの同胞のうち、ウィーンに残した妹たち、ローザ、ドロフイ、マリー、パウラの四人はその後、逮捕され強制労働収容所に送られ、焼かれて灰となった。

　フロイトはロンドンに亡命した翌年、一九三九年九月二十三日、顴骨と眼窩を侵した癌のために死んだ。八十三歳であった。「彼の長い堂々たる生涯は終り、彼の苦悩はすぎ去った。フロイトは、生きるにも、死ぬにも同じ態度―現実主義者―であった」とジョーンズは書いている。フロイトの生涯は私が見た芝居よりももっと劇的といってよいのだが、精神分析もその作者に劣らず劇的な展開を見せる。精神分析は心の病人の治療法から、文化、社会、芸術、哲学、宗教の領域へと自己を拡大するのだが、その萌芽はほとんどすべてフロイト自身の創作のなかに発見できる。

そして、驚くべきことは文化と芸術へのフロイトの思想的展開が壮年期にもまして六十歳をすぎた晩年において開花していることである（フロイトのこの領域の仕事の多くが独文学者高橋義孝氏によって翻訳紹介されている）。フロイトは第二次大戦の前夜死の床に横たわり、戦争の足音が近づくのを予感しながら、それを死の本能の象徴と考えたかどうか私は知らない。しかし、ナチスが台頭しはじめた一九三三年に書かれた『なにゆえの戦争か』Warum Krieg? というアインシュタインとの往復書簡はフロイトの戦争観、従って精神分析のそれを知る上に役立つだろう。

私の机の上には『精神分析用語辞典』と、その編集の仕方でまさに対照的といってよい、もう一冊の医学辞典がおいてある（加藤正明ほか編『精神医学辞典』弘文堂、一万円）。『精神分析用語辞典』が二人の精神分析の専門研究者（一人は精神医学者、もう一人は心理学者）の緊密な協力と統一された方針のもとで編集されているのに対して、『精神医学事典』のほうは一三二人に及ぶ項目執筆者を動員して書かれ、全体としての統一は四人の編集者が担当したということになっている。この『事典』には二千余の精神医学全領域にわたる用語が登載され、量の点では画期的といってよく、精神医学を学ぶもの、あるいは精神医学の知識を得ようとするものにとって益するところが多い。しかし、またその半面、執筆者があまりにも多いことからくる記述の優劣が目立つことや、それぞれの用語の関連に統一を欠くことなど百貨店的事典にまぬがれがたい欠点があることも否定しがたい。一例をあげよう。

精神医学ソーシャルワークＰＳＷという用語をこの辞典でひいてみた（同書三六九頁右）。私がこの用語を調べようと思ったのは次のような事情があったからである。

精神分析の幻想性と理論構成の矛盾を鋭く批判したアメリカの哲学者Ｈ・Ｋ・ウェルズの本（『精神分析の破綻』岸田秀訳、大月書店、一九六九年初版）のなかに、アメリカでは精神分析が通俗化して、心理療法の名のもとでさまざまな弊害が現れているが、その一つとして、ソーシャルワーカーが肝心の社会的視点を喪失して、もっぱら個人の精神分析的奉仕（アメリカのソーシャルワーカー、とくに精神科ソーシャルワーカー（ＰＳＷ）の多くが精神分析的コンサルテーションを指向していることはまぎれもない事実である）に終始していると書かれているのを読み、ソーシャルワークと精神分析との関係を知りたいと思ったというわけである。

ところが、この辞典では私の知りたいと思ったことの解答は得られなかった。ＰＳＷの関連項目として精神衛生があげてあるだけで、それ以上探索を進めることがこの辞典では不可能だったからである。

ＰＳＷは「ソーシャルワークの一分野として」と書きながら、肝心のソーシャルワークについては独立の項目がなく（あることはあるのだが、おかしなことに精神医学的ソーシャルワーク参照となっている）、わずかに診断主義（同書三四一頁右）、リハビリテーション（同書六六九頁右）という用語の説明のなかで断片的に触れているだけである。こまかいことだが精神医学ソーシャルワークのドイツ語が Psychiatrische Sozialfursorgerin となっているのも気になる。ドイツ語の意味はいうまでもなく女性の精神医学ソーシャルワーカーである。世界精神医学会 World Psychiatric Association が編集、出版した『四ヵ国語精神医学共通用語集』(Common Psychiatric Terms in 4 Languages, 一九七七）は英語、スペイン語、フランス語、ドイツ語で、日本語はないが、これなどが参照されてしかるべきだろう。

どうもあらさがしばかりしたようだが、この『事典』には欠点を補ってあまりある有用性があることは間違いない。その有用性の一つは巻末の文献一覧である。各項目との関連において読者の要求にこたえるのに役立つ。もう一つ、私がしばしば参照するのは人名項目である。ここには一四〇人あまりの名があげられていて、その人たちの業績と評伝が載っている。誰を選んだらよいか、その基準は選ぶものの立場や主観によるから、私には異論がないわけではないが、それは別として、この人名項目のなかで、私が精神分析との関連で最も関心の深いライヒ、フロム、マルクーゼの三人について簡単に触れたいと思う。それはまた彼らが精神分析の今日的状況とその運命の具現だと考えるからでもある。

ウィルヘルム・ライヒ（一八九七―一九五七）は近年わが国でもその旧著（小野泰博、藤沢敏雄訳『セクシュアル・レボリューション』現代思想社、一九七〇年。平田武靖『ファシズムの大衆心理』上・下、せりか書房、一九七〇年。渡辺武達訳『オルガズムの機能』上・下、太平出版社、一九七〇年、一九七二年。片桐ユズル訳『聞け小人物よ』太平出版社、一九七〇年など）が紹介されて知られるようになった。二十年前にアメリカの刑務所で獄死した彼の思想は、現代に復活して若い世代にさまざまな影響を与えている。

しかし、私にとってはライヒは私の頭のなかでの古いなじみである。私がライヒの名を知ったのは、北海道大学で精神医学の勉強をはじめていたころのことである。当時、失行症の研究（その結果は昭和十年に『失行症』としてまとめられたが、一九七六年その改訂版が東京大学出版会から出版された）に関連して、唯物弁証法の方法論を導入する必要を感じてマルクス主義の文献を渉猟していたが、たまたま福本書院を通じてドイツからとりよせ購読していた『マルクス主義の旗の下に』Unter dem Banner des Marxismus の誌上でライヒの「弁証法的唯物論と精神分析」(Dialektischer Materialismus und Psychoanalyse 同誌第三巻、一九二九年)を発見した。

精神分析をブルジョア的観念論であり、資本主義に奉仕する反動的イデオロギーだとして攻撃するマルクス主義陣営に対してフロイト主義の立場から、精神分析の理論のうちに含まれる観念論的反動的契機を止揚することによって唯物弁証法との統一が可能であるばかりでなく、マルクス主義を補強する役割をも果たし得ると主張したライヒの論旨に、若い私は深い感動と共感を覚えたことを今でも忘れない。一九三〇年代のマルクス主義者とフロイト主義者との論争とその意義については安田一郎氏によってまとめられた『フロイトとマルクス』(誠信書房、一九七一年)と同氏のすぐれた前書きがよい参考になる。

精神分析とマルクス主義との調和と統一の試みは、ライヒ自身がドイツ共産党からも(一九三三年)、そしてまた国際精神分析学会からも(一九三四年)除名追放されたという事実が象徴するように、そしてまた、彼の亜流といってよいエーリッヒ・フロム(一九〇〇―)がマルキシズムを放棄して、現実原則への忠誠を誓い、「疎外された現代人」の〝たましいの救い手〟として観念論に逃避したことを思いあわせると、すくなくとも今日までその実現の曙光はどこにも見いだすことができない。

『エロス的文明』(南博訳、紀伊国屋書店、一九五八年)、『理性と革命』(桝田啓三郎他訳、岩波書店、一九六一年)、『ソビエト・マルクス主義』(片岡啓治訳、サイマル出版会、一九六九年)、『ユートピアの終焉』(清水多吉訳、合同出版、一九六八年)などでわが国でもよく知られているヘルベルト・マルクーゼ(一八九八―)はかつての同僚フロムなどの新フロイト修正主義(それにもさまざまな異なる主張があるが)を批判してフロイトの源流への回帰と、そのなかに含まれるエロス(性の欲動)の強調を主張する。

現体制の絶対的拒否、抑圧(過剰抑圧)の全面的否定、エロスの支配下での全人間的解放による真の社会主義社会の建設はマルクーゼの教説の核心である。しかし、現体制の否定からどのような具体的過程をへてエロス的文明に到達するのかが提示されていないし、絶対に自由な社会が、弁証法的存在である人間に可能なのか、せいぜいそれは空想のなかで存在するだけではないか、という疑問を私は解消することができない。

精神分析はフロイトの発見以来、フロイトとその弟子たちが示しているように、たえず流転し、分裂と統合をくりかえしながら発展して現代に至っており、まさにその歴史は一編のドラマを見る観がある。私自身は精神分析に興味と関心をもちながら、私のなかの合理的精神が精神分析のなかの不合理性に反発したために、それとは別の道を歩んだ。精神医学が探求しようとする人間の心へのアプローチにはさまざまな道があるからであった。しかし、私は、精神分析への関心と期待をいまでも決して失ってはいない。それゆえ精神分析の神髄は何かという問いにこたえる義務がある。私は躊躇なく答えるだろう。それは精神分析の誕生が既成の医学への批判であり、アンチテーゼであったように、常に存在するものをゆり動かす衝撃でなければならないということである。

精神分析の医学的側面はやがて精神医学のなかに包括されるだろう。すでにその兆しはマクスウェル・ジョーンズに始まるイギリスの社会精神医学の流れのうちに発見することができる。精神分析医が古典的意味での精神分析医でなくなる時、逆説的ではあるが、精神分析は精神医学全体のものとなり、精神分析は自己完結をとげる。そして、それは精神医学を社会に近づけ、精神医学を発展させる一つの契機となりうるであろう。しかし、それは予想というより期待であるのかもしれない。

（「朝日ジャーナル」第十九巻　第四十四号、一九七七年十一月。）

17　むさしとの別れ

昭和五十二年三月末、むさしを去ることになった。昭和四十一年三月、東京大学を定年退職して、四月にここに来たのだから、まる十一年在職したことになる。十年一昔という言葉のように、この歳月は決して短いとは云えない。けれども私にはこの年月はまことに一瞬のうちに過ぎ去ったように思われる。物理的時間と違って心理的時間は体験とそれに伴う感情の影響を強くうけるらしい。一日千秋の思いというのは、苦しく辛い体験と悲痛な感情から生まれるのだが、ありがたいことに、むさしの生活は楽しい日々の連続であった。信頼できる同僚と職員に恵まれて、私が着任した当時に比べると、なにがしかの前進を自負できる態勢ができたと思う。この十一年まるで夢中で仕事に没頭できたからこそ、時があまりにも疾く過ぎ去ったのだと思う。

大学にいた頃、むさしの所長になるなどとは夢にも思わなかった私である。あまりにも多忙をきわめた大学の仕事から解放されてしばらく休養したいと思っていた私に、関根さんから自分のあとをやってくれないかという話があった時、正直いってあまり気が進まなかった。傷痍軍人のための療養所として開設された、太平洋戦争の前夜昭和十五年の開所式に、その頃東大講師であった私は内村教授と一緒に列席して軍事保護院総裁本庄大将の式辞をきいたこと、その時の印象で、随分辺鄙な田舎で収容施設の色彩が強いところだと思ったことくらいしか記憶に残っていなかった。その後、金沢大学、東京大学の教授をつとめていた頃、関根所長の依頼で教室員（金沢時代には、山崎敏雄、塚本光夫の両君、東大時代には、松沢病院に比べて希望者が少なくて、萩原泉君のほかにせいぜい二、三人ぐらい）が勤務していたので、一、二度訪れたことがあるだけで、あまり魅力を感じていなかったからである。

しかし、厚生省の意向をきくと、むさしを基幹精神療養所として整備してゆく方針で新しい病棟の建設がはじまり、面目を一新する計画があるという話だった。大学にいた頃から、アメリカの国立精神衛生研究所 National Institute of Mental Health, MIMH に負けない研究と臨床の総合施設をわが国にも作る必要があると考えていた私は、いま始まっている基幹精神療養所の計画をもとにして、すくなくとも国立がんセンターに匹敵する規模の精神・神経センターに発展させるのが私の使命だと直感した。私がむさしの所長になる決心を固めたのは、あとで、夢みたいな話だと悪口をいわれたセンター創設の可能性がむさしの伝統に潜んでいることを発見したからである。

私が着任する一ヵ月程前に、関根所長時代に設計、施工されたA号館（現在の三号館）、B号館（現在の二号館）、それにサービス館が竣工していた。そして老朽化した旧木造病棟から患者の一部を移す仕事が待っていた。ところが、とんでもないおかしな事態がその計画を妨げることになったのである。予定ではサービス館を中心にA号館の北、及びB号館の南に四階建ての建物が建設されることになっていたのだが、建設予定地が鉄筋の建物を建ててはいけないことになっている緑地帯に該当しており、A、B及びサービス館の建設に都と小平市から横槍が入ったのを、B号館の南側の土地八千坪を小平市に無償で提供することを条件に建設を認めてもらったといういきさつがあったのである。

武蔵の最も充実した時代の医局の諸君
左から二番目が亡くなった石戸政昭君。昭和49年４月２日撮影

私は着任早々この密約を聞いて激しい憤りを覚えた。大部分の医局の諸君もそのことを知らなかった。早速私は東京都及び小平市に抗議して無法きわまる密約を破棄させ、八千坪の土地を奪還する交渉をはじめた。しかし、相手は法律的にも有効な証文の存在を理由に譲歩する気配がなかった。結局、割譲する土地を、マスタープランの実現に欠くことのできないＢ号館の南側から、旧正門横の樹林帯に変更すること、八千坪を七千坪に削減させることで涙をのむのを余儀なくされた。

住民のために緑地を残すという趣旨の東京都条令によって無償で奪われたむさしの美しい樹林は、いま丸坊主にされ、野球場とプールに変貌している。スポーツシーズンともなると、ラウドスピーカーががなりたてる騒音は、看護宿舎で仮眠している夜勤あけの看護者を悩ます大敵である。十年たったいま

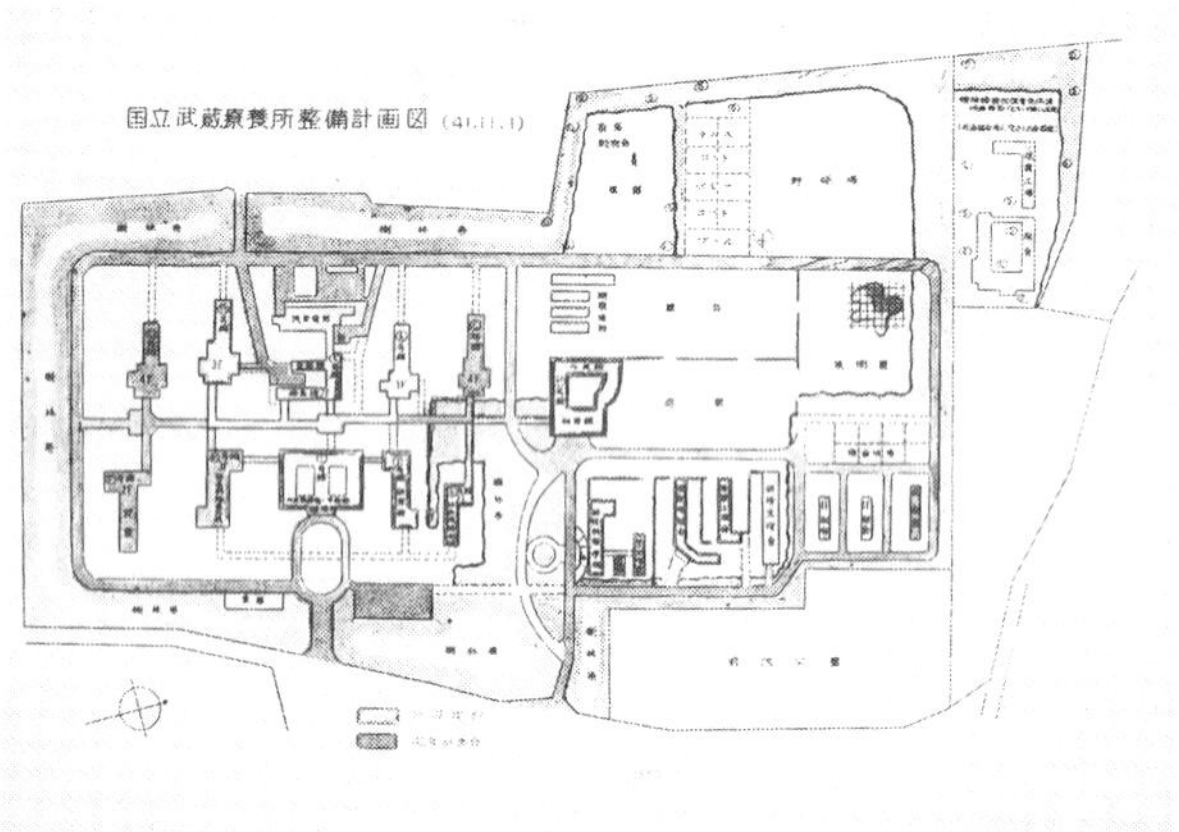

武蔵療養所のマスタープラン

でも、まるでならず者のいいがかりのような無法な土地強奪の暴挙に屈服させられた無念の思いを忘れることができない。

四号館（昭和四十三年十二月完成）、一号館（昭和四十四年十二月完成）、五号館（昭和四十六年十月完成）とマスタープランに沿う建設が遅いテンポだが進行し、旧病棟の患者諸君はすべて、新装の病棟に移った。

その間、てんかん、アルコール症、脳器質疾患、老年期疾患のための専門治療棟が開設された。これまでの分裂病中心のやり方が変わるのだから、職員の気持に不安と動揺が起きたのは無理もないことだった。しかし、その後の経過はこの病棟専門化が正しい路線であったことを証明していると思う。私たちが切り開いたこの路線をこれからさらに発展させるには、スタッフの思いきった増強がはかられなければならない。

そのほか、昭和四十七年から五号館一階で実施されているデイケアも私には愛着が深い。自治体の施設に比べるとはるかに乏しい職員で、広いと思っていたスペースもいまでは手狭に感じられるほど活発な活動が続けられている。分裂病の人たちを入院中心の治療から解放するためにも、デイケアはもっと発展させる必要がある。デイケアの活動から教えられることは、入院患者のためにもあのような集団治療と濃密なケアの場がほしいということである。作業療法棟がその役割を果たすことを考えてもよいのではないか。

私か去った頃の武蔵療養所全景

むさしのマスタープランに沿う整備は六号館（昭和四十八年三月）、中央館（昭和四十八年八月）の完成でいま小休止に入っている。むさしのセンター構想が、紆余曲折を経て、修正された形ではあるが、昭和五十三年一月に実現する見通しがつき、間もなくこの新しい構想のもとで研究所と神経・筋病棟の建設が開始されることになっている。

センターの建設はいま始まろうとしているが、それはむさしの伝統の上に、その発展として捉えられなければならない。私は去っても、職員の皆さんとともに作りあげてきた有形、無形の伝統は私のあとに続く皆さんによって継承され、精神神経疾患の治療研究のわが国全体の拠点としてますます発展することを信じて疑わない。

この文章を終えるにあたって、在職中、私を励まし温かい支持を惜しまれなかった職員各位に衷心よりお礼を申しあげる。

（「むさし」一九七七年三月）

第四章　てんかん随想

1　「てんかん制圧への行動計画」から十五年

「てんかん制圧への行動計画」が刊行されたのは一九八六年であるから、ちょうど十五年経ったことになる。二十一世紀への旅立ちにあたって、この十五年間に、わたしたちの「行動計画」はいったいどれだけ実現されたのか、なにが取り残されているのか、について真摯に検討を加え、新しい世紀への「行動計画」を樹立することが必要ではないか。

そのためには、まず「てんかん制圧のための行動計画」を改めて読み直すことからはじめなければならない。この「行動計画」は、日本てんかん協会が創立十周年を迎えた一九八三年に組織された「てんかん総合対策の樹立に関する研究委員会」（委員長秋元波留夫）が中心となって二年半余の歳月をかけて作成され、委員および執筆者はわが国のてんかん学専門家、および教育、雇用、行政などの関連分野で活躍するエキスパート五十数名を網羅する陣容で、イギリスの「レイド報告」（一九六九年）、アメリカの「てんかんに関する国家的行動計画」（一九七七年）、ドイツの「てんかん白書」（一九八五年）に匹敵するものであった。

その内容は、疫学、研究体制、医療、予防、法制度、リハビリテーション、社会啓発など、てんかん総合対策の主要な七つの側面について、緻密な現状分析を加えたもので、そのデータに基づいた、改革のための提言が具体的に述べられている。これらの提言の多くはまだ実現を見ていない。それどころか、国立てんかんセンターに関する提言（「てんかん制圧への行動計画」三三一頁）で述べられている、てんかんの人たち、家族、関係者の期待を裏切る事態がいま強行されようとしている。国立療養所静岡東病院は、一九七五年に創立されて以来、わが国のてんかん医療、リハビリテーション、研究の中核として重要な役割を果たし、国際的にも高く評価されている実質的なわが国唯一の「てんかんセンター」である。提言では、静岡東病院を国立癌センターや、国立循環器病センターなみの国立センターとして整備すること、また、てんかん医療ネットワークを作るために、研究施設を備えた国立地方センターを全国各地に配置することを国に求めているが、いま行われようとしているのは、国立病院・療養所の数を減らすための方便である統廃合の一環として静岡東病院をもう一つの病院とくっつけて、「てんかんセンター」を「神経難病センター」なるものに模様替えしようというものである。

「てんかん制圧への行動計画」の最重要な目標の一つである「てんかんセンター」の実現はいま危機に瀕しているといわなければならない。「行動計画」とは行動のための計画である。行動を伴わない計画は机上の空論にすぎない。国の「てんかんセンター」つぶしに対するねばりづよい抗議運動を日本てんかん協会に望みたい。

2　てんかんと運転免許

――道路交通法改正試案に思う

わが国の道路交通法（昭和三十五年施行）は第八十八条で「精神病者、精神薄弱者、てんかん病者、目が見えない者、耳が聞こえない者、または口がきけない者」（同条の二）、「政令で定める身体の障害のある者」（同条の三）、「アルコール、麻薬、大麻、あへん又は覚醒剤の中毒者」（同条の四）には、第一種免許又は第二種免許を与えないと規定し、また第九十六条で、第八十八条の二に該当する者は仮免許の運転免許試験を受けることができない、と定めている。すなわち、てんかんをもつ人はすべて一律に自動車運転を許さないとする差別法規が、今日まで四十年にわたってまかり通ってきた。

すでに十五年前、日本てんかん協会が編纂した「てんかん制圧への行動計画」（一九八六年）は、この差別法規が、てんかん学の進歩に無知であり、国際的動向に離反し、法の下の平等を侵害するものであるばかりでなく、なによりも、てんかんをもつ人の市民的権利の剥奪であるとの見地から、てんかんを絶対的欠格事由とする現行法規の改正を要求した（第五章法制度、第三節免許・資格の制限の項参照）。差別法規の撤廃こそはわが日本てんかん協会の「行動計画」の主要な柱であった。

欠格条項の見直しが叫ばれて久しいが、それがようやく陽の目を見るようになったのは、政府が中央障害者施策推進協議会を設置し、平成十年十二月「障害者に係わる欠格条項の見直しについて」が発表されてからである。私たちはこれによって、私たちの悲願であるてんかんを絶対的欠格事由とする道路交通法の差別法規の合理的改正が行われることを期待した。しかし、昨年十二月二十七日、警察庁が発表した「道路交通法改正試案」は私たちの期待をまったく裏切る、警察庁の見識を疑わざるを得ない、差別法規の存続以外のなにものでもない。これについては、すでに、日本てんかん学会（平成十三年一月十日）、日本てんかん協会（平成十三年一月十五日）、日本障害者協議会（平成十三年一月二十三日）が、いずれも「試案」に反対の意見を警察庁に提出して、その再考を求めているし、日本てんかん協会の下川副会長、福井常務理事、久保田理事は警察庁運転免許課長らと面談して意見を述べている（平成十三年一月十八日）。

これらの反対意見が一致して指摘するのは、免許拒否の事由として「てんかん、精神分裂病等にかかっている者」というように、特定の疾患をあげていることである。これは、平成十一年、中央障害者施策推進協議会本部が「障害を理由とする欠格条項見直し」の指針の一つとしてあげた「障害者を表す規定から障害者を特定しない規定への改正」に明らかに違反するばかりでなく、国際的非難を免れない、時代錯誤の規定である。昨年十一月十三日、インド、ニューデリーで開かれたアジア・オセアニアてんかん学会議が発表した「てんかんをもつ人の運転免許に関する医学ガイドライン」の第一条には「てんかんという病名が運転禁止の根拠になってはならない」と明記されている。

警察庁の対応が注目されるが、てんかんを事由とする欠格条項は運転免許だけではない。日本てんかん協会が先頭に立って、関係諸団体と協力して、欠格条項見直しの運動を進めなければならない。運転免許問題への取り組みはその第一歩である。

3　日本てんかん協会初代会長永井勝実さんを偲んで

今夜の「偲ぶ会」の世話人のひとりとして、お忙しいなかご参列くださった皆様に、あつくお礼を申します。いま、宇田川事務局長から紹介がありましたように、永井さんは、てんかんの子供を持つ親として、一九七三年六月に創立された「小児てんかんの子供をもつ親の会」に参加されて以来、翌年一九七六年十月、「てんかんの患者を守る会」と合同して結成された「日本てんかん協会」の初代会長として、一九九〇年、退職されるまで十七年の長いあいだ、日本のてんかん制圧運動のリーダーとして、その発展に文字通り力を尽くされた方であります。

永井勝実元会長を偲ぶ会

私が永井さんを知るようになったのは、代々木のオリンピック記念青少年総合センターの小さな会場で開かれた日本てんかん協会設立大会のおりでありました。

会長時代の永井さんとのお付き合いで忘れられないのは、一九八一年九月、国立京都国際会館で開かれた「国際てんかん学会議」のことで、永井さんの指示で国際てんかん協会ＥＩの資料の収集、展示が行われました。常陸の宮をお招きするために、お目にかかりに渋谷のお宅に永井さんとご一緒したことなど懐かしく思い出します。

もう一つは、一九八三年に協会に設けられた「てんかん総合対策の樹立に関する研究委員会」による「てんかん制圧への行動計画」（一九八六年）の完成、出版が、永井会長の熱意によるところが大きいことです。この本の冒頭に書かれている永井さんの「発刊に寄せて」を読むと、永井さんの意気込みがよくわかります。

私が永井さんの人柄を一層深く知るようになり、親しくお付き合いするようになったのは、永井さんと私の二人が協会の監事を勤めるようになってからで、たまたま、協会の運営に困難が生じた時期でありましたが、どう対処するかについて、適切で公正な意見を述べられる永井さんには敬服しました。もうその頃は、肝臓ガンの摘出手術が行われ、回復も十分ではない状態でありましたが、奥田さんを委員長とする「調査改革委員会」の活動に監事として協力しようという永井さんのお考えで、病躯を押してたびたび拙宅に見えられ、人事についても公正で的確な意見を述べられました。私は永井さんの、協会に対する深い愛情に心打たれるものがありました。

昨年五月の総会で、新しい執行部が選出、決定され、協会はいま、百万を越えるてんかんの人たちの期待に応えることのできる、てんかん制圧の一大組織に生まれ変わろうとしています。永井さんは「よかったですなあ、しっかりやってください」と温顔に笑みを湛えて見守って下さるにちがいありません。

永井さんのご冥福と、令夫人、ご遺族、皆様の平安をお祈りして、永井さんを偲ぶ私の言葉と致します。

（二〇〇一年一月十三日夜、高田の馬場ファインプラザ千代田平安閣で開かれた「永井勝実さんを偲ぶ会」で述べた談話）

4　日本てんかん協会の会員を増やそう

――てんかん制圧運動の前進のために

「てんかん制圧には二つの側面がある。一つは、てんかんという病気の制圧であり、医学的側面と言えます。もう一つは、てんかんのある人たちの生活する権利、働く権利の保障であり、てんかん制圧の社会的側面です。この二つの側面は、車の両輪のようなもので、どちらが欠けても、てんかん制圧運動は成果をあげることができません」。これは、一九七六年十月、「小児てんかんの子供をもつ親の会」と「てんかんの患者を守る会」が合同して結成した「日本てんかん協会」の創立式典で述べた私の記念講演の一節である。

この二十五年前の私の言葉をいま持ち出したのは、てんかん制圧運動という車の両輪の一方である、日本てんかん協会の会員がこのところ、増えないどころか、却って減少（一九九七年の七二六八人が二〇〇一年度は七〇一一人）の傾向にあることを知り、傍観してはいられなくなったからである。

いま、協会は「道路交通法」など多くの法規に見られる、てんかんを事由とする資格制限、欠格条項などの差別規定の撤廃と抜本的改正をはじめ、てんかんの人たちの雇用の促進と保障など、てんかん制圧のための強力な社会運動を展開しなければならないきわめて重要な時期に直面している。昨年の思い切った機構改革によって、事務局、および地方支部の体制は一新され、整備されて、その力量は昔日の比ではない。いま、一番必要なことは、日本てんかん協会の会員を増やして、財政面の改善を図り（ここ数年赤字財政）、積極的な若手の活動家を育成することである。

このような思いから、私は先日、二〇〇一年九月二十七日、京王プラザホテルで開かれた第三十五回日本てんかん学会、ランチョンセミナーでの私の講演「てんかんと私―てんかんから学んだこと」で、学会の会員諸君に、日本てんかん協会への入会を訴えた。

日本てんかん協会の前身である「小児てんかんの子供をもつ親の会」が東京女子医大の小児科から、また「てんかんの患者を守る会」が国立武蔵療養所のてんかん病棟から巣立った歴史を思い起こすとき、日本てんかん協会に関心を持ち、その活動を支援するのは、てんかん学に携わる者の責務であると思う。しかし、日本てんかん協会は患者・家族の主体的組織であり、その独自性は尊重されなければならない。てんかん学の専門家の役割りは、てんかん学の立場からの支援、援助である。その先例は一九八六年に、日本てんかん協会から刊行された「てんかん制圧への行動計画」である。この「行動計画」の作成には、当時の日本てんかん学会会員の全面的で、強力な協力が大いに貢献した。

てんかんのある人は百万人をこえるということである。他力本願ではなく、協会の自主的努力によって、さしあたり、一万人を目標に会員の増加を図ることを望んで止まない。

5 てんかんの人たちの共同作業所を作ろう

共同作業所は、今から三十年ほど前に、当時の身体障害者福祉法、精神薄弱者福祉法（現在の知的障害者福祉法）による授産施設では受け入れてもらえない重度、最重度の障害者を受け入れる場所として、民間の運動から生まれた施設で、その多くは利用者十人程度の、小規模無認可施設である。この三十年間にその数はどんどん増え、その数はいま五千を越えている。これらの作業所にはかなりの数の、てんかんの人たちが参加している。私が顧問を勤めている、きょうされん（旧共同作業所全国連絡会）、加盟共同作業所の調査によると、てんかんの人たちの参加が急激に増加している。この増加はてんかんの人たちが共同作業所を必要としていることの何よりの証拠だと思う。このことをはっきりと示しているのが八木・大沼の「てんかんの包括的分類（病状と職業能力を包括した分類）」である。

この分類は国立療養所静岡東病院と国立武蔵療養所（現在の国立精神神経センター）で診療した十六歳以上の患者五四二人の調査から得られたデータであるが、第四群以下のリハビリテーションと福祉的援助を必要とする人たちは三七・一%、全体の三分の一を占めることがわかる。共同作業所を必要としているのは、主に、第四群の保護就労可能な人たち（二二・〇%）であるが、第五群、さらには第六群のような、障害が重く、介助を必要とする人たちも療養施設ではなく、作業所に通い、普通の暮らしをすることを望んでおり、作業所も進んでこれらの重度障害の人たちを受け入れている。

これまで、てんかんの人たちの受け入れは知的障害者、あるいは身体障害者の作業所で行われていた。それは、必要とされながら、てんかんの人たちのための専門の作業所が存在しなかったからである。それがようやく、一九九四年四月に、わが国ではじめての、てんかんの人たち専門の作業所が福岡市に開設された。「ひかり作業所分場あかり」である。それに続いて、一九九六年福岡市に「さざなみ共同作業所」、北九州市に「のぞみ共同作業所」が誕生した。この、福岡ではじまった、てんかんの人たちの作業所作りはなかなか全国にひろがらなかったが、一九九九年一〇月、東京都江東区大島に「ふれあい工房」が生まれた。これは、日本てんかん協会常務理事の福井典子さんたち、てんかん当事者の自助グループである、「てんかんを考える会」が大変な苦労をして数年がかりで作った手作りの作業所である。

「八木・大沼てんかんの包括的分類」が示すように、発作を持ちながら保護就労の可能な人たちは相当な数にのぼる。てんかんの人たちの共同作業所、てんかん共同作業所をもっとたくさん全国各地に作り、それを認可施設にすることが、いまのてんかんの人たちとその家族からの切実な要求となっている。この要求に応えるためには、日本てんかん協会の強力な支援が必要である。てんかんの人たちの作業所は、日本てんかん協会のこれからのてんかん制圧運動の新しい柱になるにちがいない。

6　てんかん医療はどうなっているか

——てんかんセンターの灯を消すな

てんかんという病気の学際的な性質に基づいてそれに最もふさわしい医療、リハビリテーション施設として国立療養所静岡東病院が静岡市漆山に開設されたのは一九七五年のことである。施設の名称はともあれ、その実態は国立てんかんセンターであった。

てんかんの診療、研究には学際的アプローチが必要であるとのてんかん学関係者の共通の認識にもかかわらず、わが国ではこのような認識に基づいたてんかん専門の学際的医療機関がなかなか実現しなかった。てんかんの人たちの医療は精神科、神経科、小児科、脳神経外科などの臨床各科で専門別に行われ、大学病院や総合病院ですらそれらの協力態勢が不十分で、理屈ではよくわかっているはずの学際的アプローチにはほど遠い状態である。また、精神障害を重複したてんかんの人たちの多くは専門施設がないために、精神病院の雑居病棟に収容されている。

このようなてんかん医療の甚だしい立ち遅れに対してその改善を訴え、国の施策として国立てんかんセンターNational Epilepsy Centerの設立と、てんかん医療の地域ネットワークの整備を要求してきたのが日本てんかん協会である(日本てんかん協会編「てんかん制圧への行動計画」一九八六年を見よ)。協会の悲願であるてんかんセンターが静岡にようやく実現した背景には、当時厚生省医務局長であった大谷藤郎さん（現在国際医療福祉大学総長）の先見の明と決断があったことを忘れてはならない。

国立療養所静岡東病院は二十七年の歳月を経て、いま、初期診断からリハビリテーションまでの一貫したてんかんケアの拠点として大きく成長するとともに、また、てんかん医療が必要とする臨床各科の医師のほかにリハビリテーション専門職を網羅した文字通りの学際的包括医療のセンターとして目覚ましい発展を遂げ、その活動が国際的にも高く評価され、全国のてんかんの人たちと家族の信頼をあつめていることは周知の事実である。

その設立について多少の助力をした私ばかりでなく、センターの大切な役割を知る多くの人たちがいま、最も遺憾に思うことは、厚生労働省の国立医療機関の統廃合政策（国立病院、療養所の数をうんと減らすこと）のもとに、近隣の国立病院と併合され、てんかん専門の施設ではなくなったことである。

「てんかん制圧への行動計画」は人口一千万に対して、すくなくとも一つのてんかんセンターが必要であるとしてその設置を国に求めているが、そのてんかんセンターのモデルともいうべき静岡てんかんセンターがてんかんセンターでなくなったことは遺憾きわまりないことである。てんかんセンターの灯が消えないことを願い、静岡てんかんセンターが創設された当時の厚生行政当局の熱意と見識が再びよみがえることを求めたい。

7　ドストエフスキーとてんかん

自分自身がてんかんを病んだ十九世紀ロシアの文豪フィヨードル・ミハイロビッチ・ドストエフスキー（一八二一―一八八六）は、彼の小説に多くのてんかん者を登場させ、てんかん発作の体験を語らせている。「白痴」のムイシュキン侯爵、「カラマーゾフの兄弟」のスメルジャコフ、「虐げられた人々」のネルリ、「罪と罰」のラスコリニコフ、「悪霊」のキリーロフなどがそうである。彼らに共通するのは、発作の始まりにえも言われぬ幸福感に満たされることで、キリーロフの言葉を借りれば「人生にはこんな瞬間があるものだ。それは全体で五、六秒を越えぬものだが、そのとき忽然として、完全に到達された永久調和の存在を感ずるのだ。…何よりもおそるべきことは、それが素敵にはっきりしていてえも言えぬ悦びにあふれていることだ。ものの五秒とつづいたら、もう魂はたえきれなくなって消滅してしまわなければならないだろう。僕はこの五秒間に一つの生を生きぬくのだ。そのためなら一生を投げだしても惜しくはない。……」（米川正夫訳「悪霊」より）という恍惚感の発作ともいうべきものである。この発作的恍惚感はドストエフスキー自身の体験であり、彼が病んだてんかんは側頭葉てんかんであり、彼の記述は側頭葉てんかんの精神発作に恍惚感を伴うことがあることの証明であるというのが、大方のてんかん研究者の通説であった。

これに異論を唱えたのがアンリ・ガストー Henri Gastaut の論文（Gastaut,H.: Fyodor Mihallovich Dostoevsky's involuntary contribution to the symptomatology and prognosis of epilepsy. てんかんの症状および予後に対するドストエフスキーの意図せざる貢献。Epilepsia 一九、一九七八、和田豊治訳：ドストエフスキーのてんかん再考、日本製薬株式会社、一九八一）である。彼はこの論文（一九七七年レンノックス賞受賞講演）で、渉猟した多数の資料に基づいて、ドストエフスキーのてんかんは側頭葉てんかんではなく、大発作を主症状とする特発性全般てんかんであり、彼が小説の登場人物をして語らしめたあの素晴らしい恍惚感を伴う精神発作の記述は表現力豊かな文豪の筆による創作、フィクションであると結論している。

彼はこの考えの根拠として、ドストエフスキーの発作が大発作であったこと、側頭葉てんかんにありがちな間歇期の持続障害がないこと、数十年にわたる大発作の反復（月に一、二回）にも拘わらず、精神機能の低下がなく、作家としての活動が続いたことをあげている。しかし、これらは必ずしも、側頭葉てんかんの反証とはならない。側頭葉てんかんでも大発作が二次性全般化として起こり得るし、ジャクソンの症例、医師Zのように、側頭葉てんかんでも、発作以外に精神能力の低下を来たさない場合があるからである。

このような恍惚感を伴う精神発作の記述が文献にほとんど見られないのは、このような発作体験があっても、それをうまく言葉で表現することが難しいためであり、ドストエフスキーの作家としての才能がはじめてそれを可能にしたといってよい。この意味で、ガストーがいうように、ドストエフスキーはてんかんの症状に対する意図せざる貢献をしたわけである。

アンリ・ガストー

しかし、ドストエフスキーのてんかんが側頭葉てんかんであるか、特発全般てんかんであるかの鑑別よりも、わたくしが関心を持つのは、ドストエフスキーの作家としての創作、恍惚感を伴った精神発作の記述が作り話かどうかである。てんかんをもつ登場人物は異なっても、発作の描写はほとんど同じで、彼自身の体験として妻や主治医に語ったものそのものであることから考えても、それはドストエフスキー自身の発作体験と見るほうが妥当のように思われる。彼はこの精神発作の体験を愛しく、大切なものと思ったからこそ、この発作を持つ愛すべきてんかん者を彼の多くの作品に登場させ、てんかん者を作品の主要人物に仕立てたのだと思う。このようにわたくしが考えるのはわたくしがドストエフスキー文学の根っからの愛好者であるためかもしれない。

（秋元波留夫著「実践精神医学講義」第20講てんかんから学ぶ。日本文化科学社、二〇〇二年、から抜粋）

8　ハリー・メイナルディからの手紙

ハリー・メイナルディはオランダ、ヘルムシュテッドのてんかんセンターの所長で、ネイメーゲンのカトリック大学神経学教授をも勤めた人で、たびたび来日してわが国でも良く知られたてんかん研究者である。数年前に引退したが、その後も世界中をかけまわっているてんかん制圧運動の闘士である。この正月、かなり長文の彼の近況を伝える手紙を貰った。その活躍ぶりが偲ばれて読み応えがあったので、遅ればせながら、皆さんに紹介しようと思う。

手紙のはじめに「二〇〇一年の暮れにはクリスマスと新年のお祝いをたくさん頂きました。面白いことに、古典的な葉書や手紙が、電子的な形態より多くありました。その中には現在八十歳のシルビヤ・バードンさんと九十六歳の秋元波留夫さんの手紙もありました」とあり、日本のてんかん事情を簡単に記した私の手紙を喜んでくれたようだが、それにしても私の年齢を覚えているのに吃驚した。

彼がこれまでオランダ国内で「発達途上国てんかんケア財団」the Foundation Epilepsy Care in Developing Countryを設立して「オランダてんかん基金」の資金援助で活動してきたことは私も知っていたが、手紙によるとこの財団を二〇〇二年には国際的組織に発展させて、資金も豊富にして、活動の範囲を拡大する準備にとりかかったということである。「二〇〇一年も、発展途上国のてんかん患者のケアが、妻のアンヌマリーと私の仕事の大部分を占めました。とりわけ、アフリカでのデモンストレーション・プロジェクトについては、ILAE/IBE/

ハリー・メイナルディ

WHOのてんかんに対する世界キャンペーンthe Global Campaign Against Epilepsyに携わってきました」と書いているから、彼と夫人アンヌマリーは、アフリカ原住民のてんかんケアに挺身したものと思われる。

二〇〇一年の二月十二日には、ジュネーブのWHO本部で行われたてんかん世界キャンペーン第二回式典に出席、三月にはブリュッセルのユーロ会議でてんかんに関する欧州白書を発表、六月にはアフリカ、ジンバブエの首都ハラレで、WHO/Afroのジンバブエとセネガル向けのデモンストレーション・プロジェクトを発表するなど東奔西走の活躍ぶりが窺われる。しかし、アメリカの同時多発テロにはじまる世界の動向に彼も心を痛めたと見え、手紙には「二〇〇一年は、結局のところ幸せな年と呼ぶことはできませんでした。インドの友人はおそらくこう言うでしょう。人間の良い資質はすべてなくなってゆき、汚れた資質だけが増えてゆくカーリー（ヒンドゥー教のシーバ神の妃：狂暴残酷）の時代に何を期待すると言うんだ、と。疫病と殺人、戦争とテロリズムが、年齢に関係なく多くの人の命を絶ちました。はっきりと目に見えて悪い方へと進んでいる流れが止まり、平和と健康がひろがる新しいチャンスが生まれ、苦しみのない世界が達成されることを願っています」と書かれている。

手紙の最後に自筆で「私の勘違いでなければ、あと三年であなたは日本での特別なお祝い「白寿」となる九十九歳の誕生日を迎えられることと思います。私たちはその日を迎えられますことを心から祈念しております」と添え書きがしてあった。

（「てんかん随想」は日本てんかん協会機関誌「波」に二〇〇一年一月号から隔月掲載している八篇を転載したものである。転載を許された日本てんかん協会に感謝する。）

第五章　精神障害者の過去、現在、そして輝く未来へ

1　はじめに

皆さん今日は。かねてから、ひかり福祉会の立岡さんから―立岡さんはこの六月から、きょうされんの理事長に就任されました―滋賀で精神障害者の福祉活動をもっと活発にしたいというお話をうかがっておりましたが、この度、そのためのフォーラムが開かれることになり、きょうされん常務理事の藤井さんと私がお招きいただき、障害問題、精神保健問題に取り組んでおられる皆さんにお目にかかる機会を与えられましたことを有難く御礼申し上げます。この滋賀ではきょうされん全国大会が第六回（一九八三年）、第十二回（一九八九年）、第二十一回（一九九八年）と三回開かれております。この障害者運動の先進地であります滋賀のフォーラムで、私のようなとしよりがお話することになりましたのはまことに光栄であります。

ごく最近まで、精神障害者は人権や福祉の点で、社会的にも法制度的にも著しい差別を受けてきましたが、これをうち破り、仲間として受け入れてきたのが、いま全国各地に広がっている精神障害者共同作業所です。このフォーラムはこのような精神障害の人びとのニーズに応える、大変大切で重要な機会であると思います。今日の演題は、フォーラム実行委員会から頂いたものですが、この立派な演題にふさわしい、そして皆さんのお役に立つようなお話ができたらいいがと思っております。

2　座敷牢の時代

私が東京大学医学部を卒業して、精神科医になったのは昭和四年、一九二九年ですが、その頃はまだ座敷牢がたくさんありました。大正八年、一九一九年に「精神病院法」という精神病院の設置を推進するための法律ができたのですが、それが有名無実の絵空事にすぎなかったことを歴然と物語るのが下の表の数字です（表1）。

精神病院法の制定から十八年経った一九三五年（昭和十年）に行なわれた、当時若輩の精神科医として私が勤務していた東京府立松沢病院で、先輩の菅修さんが行った全国調査のデータです。表のように、精神病院法による公立精神病院はわずかに六、それ以外の代

表1　私宅監置と精神病院の比較（1935年）

菅修：「本邦ニオケル精神病者ニ関スル調査」．精神神経学雑誌41、1937による

			施設数		定員	
精神病院	公立	精神病院法	6	9	2,140	2,424
		その他	3		284	
	私立	代用病院	48	133	9,123	16,755
		その他	85		7,632	
一般病院付属精神病室		医療機関	20	27	1,237	1,364
		その他一般病院	7		127	
収容所		収容所	22	67	423	1,497
保養所		保養所	45		1,074	
監置室		公設監置室	95		7,139	
		私宅監置室	7,044			

用病院などの医療施設をあわせても一六九施設、病床二〇、五四三床にすぎないのに対して、私宅監置は七千余にのぼっています。精神病院法の制定にもかかわらず、私宅監置は減るどころか益々増え続けていたのです。どうしてこんなことになったのでしょうか。

その理由は簡単です。一言でいえば、当時の明治政府が、精神病院を本気で作るつもりが無かったからです。それは精神病院を作るための予算を軍備拡張にまわす必要があったからで、そのためには精神病者監護法を温存する必要があったのです。精神病院法と精神病者監護法の二重支配は戦争準備のための軍国主義日本の国策であり、精神病者はこの国策の犠牲に供されたのです。

3　精神衛生法と精神病院ブーム

―脱施設化に背をむけて

今世紀初頭の精神病者監護法（一九〇〇年制定）にはじまり、太平洋戦争の敗戦で終わった二十世紀の前半五十年は、精神障害者にとってまさに呉秀三先生が言われた「この病を受けたるの不幸」と「この国に生まれたるの不幸」という「精神病者の二重の不幸」を背負った苦難の時代でありました。敗戦とともに迎えた民主国家日本の新憲法のもとで、精神障害者は「精神病者の二重の不幸」を過去の物語にすることができたでしょうか。これからそれを皆さんと点検することにします。

五十年の長い間、精神障害者を苦しめた精神病者監護法が廃止されて、「精神衛生法」という近代国家なみの新しい名前を用いた法律が制定されたのは、敗戦から五年たった一九五〇年（昭和二十五年）のことです（表2）。表2はこの法律の目的ですが、これまでの精神病者に代えて精神障害者という、今日ひろく用いられている言葉がはじめて用いられ、精神障害者の「医療と保護」、「予防」、「国民の精神的健康の保持、向上」が謳われました。しかし、肝心の「医療と保護」を行う精神病院については、精神病院法の「代用病院制度」の継続である「指定病院制度」を設け、また民間病院に対する国の財政的助成が制度化されたことが大きな力となって、公立精神病院よりも、民間病院が盛んに作られるようになりました。敗戦時には三千、精神衛生法制定時（一九五〇年）には一万であった精神病院の病床数は、五年後の一九五五年、昭和三十年には五万、十年後の一九六〇年、昭和三十五年には十万というように急速に増加しました。

表2　精神衛生法（1950-1988）

この法律は、精神障害者等の医療及び保護を行い、且つその発生の予防に努めることによって、国民の精神的健康の保持及び向上を図ることを目的とする（本法第１条　この法律の目的）

このように、精神病院の量は確かに増大して、私宅監置の悲劇はなくなりましたが、急増した病院のなかには医療、看護の質の面で劣るものが少なくありませんでした。このような状況を、ジャーナリズムは「精神病院ブーム」という言葉で批判しました。

わが国の精神病院が慢性患者の長期収容所となって、「精神病院ブーム」と批判されるような状況が精神衛生法のもとで起こっていたのです。何故このようになったかといいますと、その原因は、精神衛生法が脱施設化の世界的流れに背をむけて、精神病院依存政策を後生大事に墨守したことにあります。脱施設化というのは一口で言えば、施設中心から地域中心への精神障害者処遇の移行と言ってよいでしょう。このような変化が起こったのは、精神衛生法が制定されて間もない一九五〇年代後半から一九六〇年代にかけての、クロールプロマジンをはじめとする抗精神病薬の発見、導入などの精神病治療の画期的進歩によって、これまで治療がきわめて困難で、長期入院を必要とした分裂病などの難治疾患の病状が著しく改善して、退院できる人が増えてきた結果です。

脱施設化のさきがけとなったのがアメリカ合衆国の州立精神病院で、多くの州立精神病院では退院患者の増加に伴って、整理、縮小が行なわれ、一九五〇年代には五十万を超えた精神病床は現在十万床に減っています。これが可能になったのは精神病院を退院した精神障害者を受け入れるホステル、保護工場（sheltered workshop）、クラブハウスなど福祉施設が合衆国政府および州政府の法制度的および財政的援助によって作られるようになったからであります。

この精神保健・精神医療政策の革命的転換を決定したのが、連邦議会であり、その契機となったのが当時の大統領ジョン・F・ケネディが一九六三年二月三日、連邦議会に送った「精神病および精神遅滞に関する大統領特別教書」です。

ケネディがこの教書で議会に訴えた、精神病者と精神遅滞者に対する国民の無視を終わらせるための新しい政策が「脱施設政策 deinstitutionalization policy」であり、議会はこの政策を承認して、その実現のための新しい法制度として、「地域精神保健センター法 Community Mental Health Center Act」を可決、それに必要な予算を計上しました。先ほどお話したさまざまな地域リハビリテーションの取り組みはこの法制度のもとで実現したものであります。

一九八五年十月、きょうされんが主催した「アメリカ障害者施設視察団」には、滋賀県から立岡さん（ひかり作業所）のほか、戸田順子さん（たんぽぽ作業所）、丹部一雄さん（障害者をもつ親）が参加されましたが、この視察旅行で、わたくしたちは州立精神病院の縮小、解体の実状とニューヨーク、ファウンテンハウスや精神障害者の保護工場、グループホームなど、退院した元患者のための社会的自立の活動を目の当たりにして、脱施設化がこの国で着々と進んでいることを知りました。その詳しいことはきょうされんが編集、出版した「アメリカの障害者リハビリテーション」（一九八八年）に載っておりますので、読んで頂ければ幸いです。

このアメリカの精神病院ではじまった脱施設化は、いま、欧米先進国のほとんどの国で例外なく実行されています。それは脱施設化が精神医学と精神医療の進歩に裏づけられた科学的基盤を持った政策であるからです。そして、いまでは精神障害者にとどまらず、すべての障害者の処遇に適用される世界的共通原則となっています。近頃よく耳にする「ノーマライゼーションnormalization／普通の暮らしをする」というのは脱施設化を生活の側面から言い表した言葉です。

ところで、いまお話した脱施設化の世界的潮流に対して、わが国の精神医療、精神保健関係者、障害者団体が無関心で、沈黙していたわけでは決してありません。一九六四年三月、昭和四十年のライシャワー駐日米国大使刺傷事件を契機とする精神衛生法の第一次改正以来、わたくしたちは厚生省に対して、入院中心で、時代遅れの精神衛生法の改正を要求する運動を続けましたが、政府は若干の手直しをするだけでお茶を濁してきました。その結果起こるべくして起こったのが、皆さんもご記憶の、栃木県宇都宮病院の入院患者の人権侵害事件（一九八四年、昭和五十九年）です。この事件がきっかけとなって法改正の内外の世論が一気にたかまり、それから四年後の一九八八年、昭和六十三年、精神障害者の人権尊重、社会復帰施策を取り入れた精神保健法がようやく制定されました。これまで、「医療と保護」の対象でしかなかった精神障害者が、はじめて国の福祉施策の対象となったわけです。精神障害者施策の画期的転換といってよいでしょう。

わたくしたちの精神衛生法改正の要求が実現するのに実に二十年余の歳月を要しました。この間、わが国の精神障害者は脱施設化に背をむけた精神衛生法のもとで、地域リハビリテーション、福祉の法制度から除外され、クラーク報告（一九六八）の指摘するような不幸な状況に放置されていたのです。これこそクラークの勧告を日本政府が真剣に考慮しなかった結果にほかなりません。

4　精神障害者共同作業所のはじまりと展開

―あさやけ作業所から

この二十数年の法制度の空白を埋めたばかりでなく、精神障害者の社会復帰活動のモデルを作り、政府の精神障害者施策転換の実質的な拠り所となったのが、地域の草の根障害者運動から生まれた無認可小規模共同作業所です。精神障害者共同作業所のはじまりは一九七六年、東京都小平市に作られた「あさやけ第二作業所」ですが、その発足にはわたくしも関わっておりますので、その頃のことをお話します。

当時、私は同じ小平市にある国立武蔵療養所の所長をしておりました。一九六六年、昭和四十一年に、東京大学を定年退職して武蔵に赴任した私の役目は、武蔵をこれまでの隔離収容施設から社会復帰の拠点に変えることでありました。厚生省と談判して、作業療法士、ソーシャルワーカー（今日の精神保健福祉士）を定員化し、作業療法部門、デイケア、ナイトケアなどの院内リハビリテーションの取り組みを整備するなど私なりの努力をいたしました。

一九六八年、昭和四十三年に来日したクラークは武蔵を訪ねてくれ、まる一日の武蔵の活動をみて、有益な助言をしてくれました。クラーク報告には武蔵のリハビリテーション活動を評価する彼のコメントが書かれています。クラークはその後たびたび来日し、また私も二度ほどフルボーンを訪れ、親交を深めるようになりました。彼の名著「社会療法」は私の訳で出版されています。このなかにクラーク報告も載っていますから、読んでいただきたいと思います。

ところで、精神病院を収容所から社会復帰の拠点に変えようとする動きはなにも武蔵に限ったことではなく、一九六〇年代の先進的精神病院に共通する現象でした。当時の「病院精神医学」という雑誌を読むと、そのことがよくわかります。このような精神病院の努力によって、病状が改善して退院できる患者さんが増えてきました。武蔵では退院できるようになった患者さんのために「社会復帰病棟」をつくり、そこから患者さんは弁当持参で、地域の職場に「所外作業」として働きにでかけていました。これが職親制度のはじまりです。しかし、私が一番困惑したのは、社会復帰可能な人たちを社会復帰させる手段（てだて）が全くないことでした。一九七〇年、昭和四十五年、武蔵療養所で編集、発行された患者諸君の歌集「葦かび」に次のような歌が載っています。

脳院をふるさとのごと住みている未復員患者にわれも似てゆく
ふるさとを脳院にせむ心すら湧きいて今日の吾が病いながし
故郷より帰院したりし我が友が「ふるさとは此処だ」と言ひて口つぐむ

国立武蔵療養所患者歌集「葦かび」（一九七〇年）から

これらの歌には、精神病院を自分のふるさとにしなければならない、悲痛な思いが歌われていて、心打たれるものがあります。この歌集「葦かび」の歌人の嘆きこそは、まさに、この人たちを受け入れる働く場所、生活する場所が地域に存在しないこと、その裏を返すと精神障害者の福祉に関する法制度が欠如していることの端的な表現にほかなりません。この法制度の欠如をうずめ、働く場所、そしてやがては住まう場所を提供してくれたのがあさやけ作業所でありました。

わたしはかねて懇意にしていたあさやけ作業所の若い職員の藤井克徳さん（後にきょうされんの事務局長、次いで専務理事となり、いまわが国の障害者運動のリーダーとして活躍している）に武蔵の事情を話し、退院できる人の受け入れを頼みこんだのです。無理だろうと覚悟し

表3　あさやけの歩み　　1974−2002

1974	あさやけ作業所（認可）	知的障害者
1976	**あさやけ第2作業所**（認可）	**精神障害者**
1977	**あさやけ第3作業所**（小規模認可）	**精神障害者**
1978	社会福祉法人ときわ会	
1984	あさやけ鷹の台作業所（小規模認可）	肢体障害者
1984	**ぶんぶんクラブ**	**精神障害者**
1984	**共同ホームサンライズ**（無認可）	**精神障害者**
1991	**福祉工場エバーグリーン**（小規模無認可）	**精神障害者**
1992	共同ホームつくしんぼ（無認可）	知的障害者
1995	共同ホームこげら（無認可）	知的障害者
1998	**地域生活支援センターあさやけ**（認可）	**精神障害者**
2002	共同ホーム一歩	重度重複障害者

ていましたが、藤井さんは快諾してくれました。たしか二人程入院のまま、所外作業の形であさやけに通うようになり、まもなく退院してアパートに住むようになりました。その後、武蔵だけでなく、小平周辺の精神病院からの入所依頼が増えたために、精神障害者専用のあさやけ第二作業所を独立させました。これが精神障害者作業所の第一号で、一九七六年、昭和五十一年、いまから二十四年前のことです。精神科医であるわたしが最も有り難く思うのは、それまで何処にも引き受け手の無かった精神障害の人たちをあさやけが受け入れてくれたことです。わたしはこれがきっかけで、あさやけの活動に加わるようになりました。

あさやけ二十六年の歩みと現状が、皆さんのご参考になればと思いすこしお話することにいたします。

表3でご覧のように、知的障害者の無認可小規模作業所として出発したあさやけは、資金集めの苦労が大変でしたが、五年後には法人となり、いま、精神障害者施設として作業所三ヵ所、共同ホーム一ヵ所、それに地域生活支援センターが

作られています。このセンターは一九八四年にあさやけ第二作業所の卒業生が作った「ぶんぶんクラブ」の活動がもととなって生まれたもので、いま、この「自助グループ」のメンバーのひとりが職員として活動しています。太字で記されている精神障害者の施設のほかに、知的障害者、肢体障害者、重度重複障害者の作業所と共同ホームがあります。

いまあさやけが抱えている大問題は、法人が運営している八つの施設のうち、認可施設は二ヵ所（知的障害者福祉法によるあさやけ作業所と精神保健福祉法によるあさやけ第二作業所）に過ぎず、それ以外はすべて無認可であるということです。認可と無認可では職員の給与、助成金に格差があるために、法人の運営に大変困っております。これはあさやけだけではなく、障害の種別にとらわれないで、すべての障害者を受け入れようとする（この方向がこれから益々必要となるでしょう）法人施設に共通する課題だと思います。法人の運営する作業所などの施設が、すべてひとしく認可施設として公平に運営できるように早急に法制度を改めてもらいたいと思います（注　昨年、二〇〇一年、無認可施設は「小規模授産施設制度」により法定施設となりました）。

話をもとにもどして、あさやけではじまった共同作業所の精神障害者の受け入れは、その後次第に全国にひろがりました。はじめの頃は知的障害や身体障害の人たちとの共同利用のところが多かったのですが、精神障害者だけの作業所が家族会、その他民間の有志によって作られ

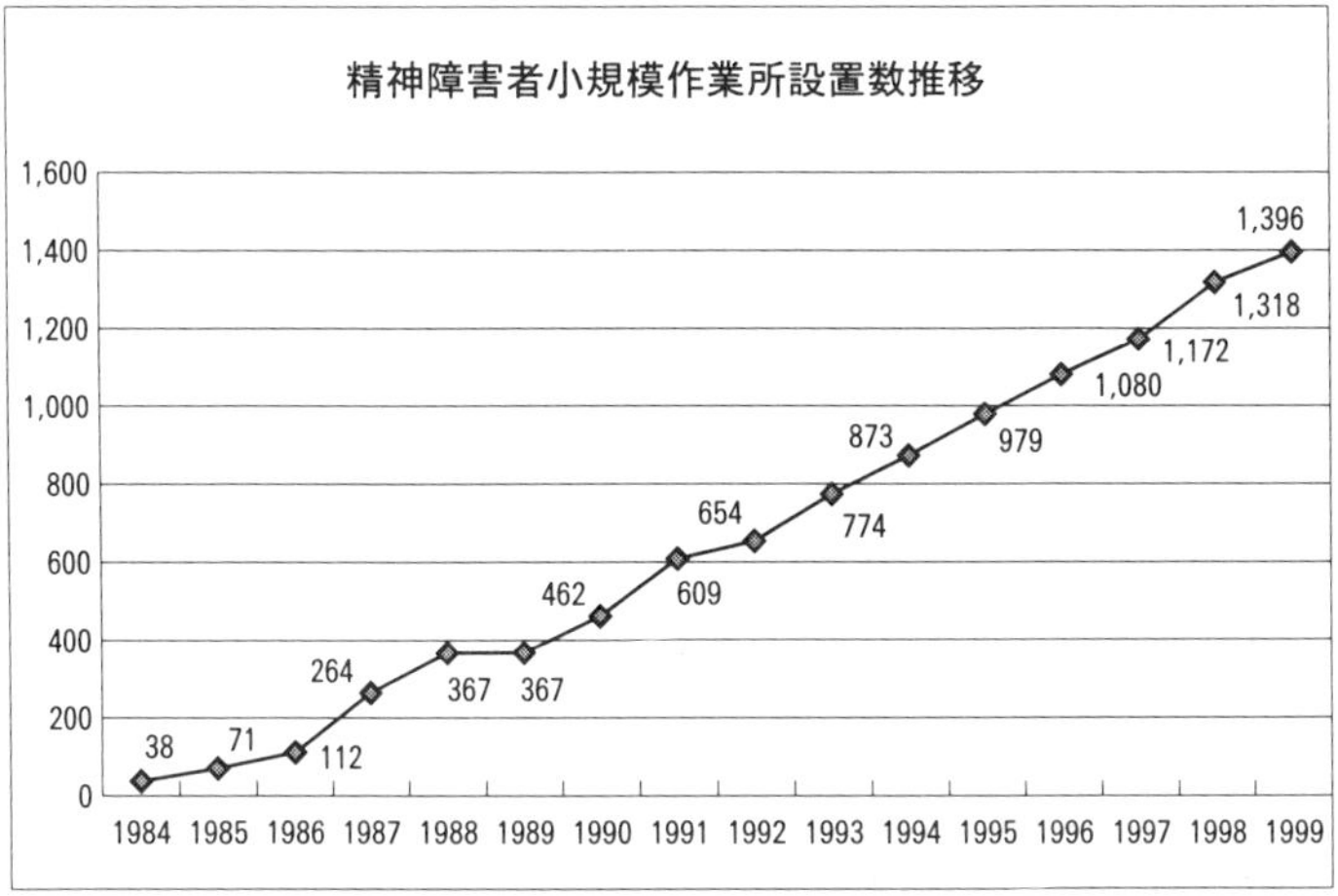

図１　無認可小規模精神障害者共同作業所の年次推移
共同作業所全国連絡会調査、各年８月現在1999年は1月現在、全国精神障害者家族会連合会調べ

るようになり急速に増えています（図１）。

十五年前の一九八四年、昭和五十九年には三十八にすぎなかったのが一九九九年、平成十一年一月には千三百九十六を数えるようになりました。最近は保健所がその育成に力をいれたこともあって九十年代の増加が著しいことがわかります。この数値は地方自治体から補助金をもらっている無認可の小規模作業所だけの集計ですから、これに補助金をもらっていない作業所を加えると、精神障害者小規模作業所は、ゆうに千五百をこえるものと思われます。作業所一ヵ所あたりの利用者平均十五人とすると、約二万二千人の精神障害の人たちが作業所を利用していることになります。しかし、地域で働く場所を必要とする精神障害者は十万を越すものと思われますから、働く場所はまだまだ不足しています。

作業所というと、部品組み立てのような簡単な下請け作業が連想されます。もちろん、このような単純作業の作業所も大変必要ですが、最近とくに増えているのは、食事サービス、パン工房、喫茶店、レストラン、農場など、従来の作業所のイメージとはだいぶかけはなれた新しいタイプの職場です。また、あさやけの石鹸工場エバーグリーンのような経済的自立を目指した福祉工場も作業所の実践のなかから育っています。

精神障害者の福祉的取り組みの第二の柱である住まう場所についても、作業所で働く人たち、地域で暮らす人たちが一番望んでいる期限のない、安心して住める住居の提供が各地の作業所で行なわれています。いずれにしても地域で暮らす精神障害者の福祉的取り組みが民間の努力と工夫によって創造され、進められてきたことをここで強調しておきたいと思います。

このような無認可小規模共同作業所の活動を中心として発展してきた精神障害者の福祉的取り組みの経験と実績が推進力となって、わが国の法制度に福祉に関する施策が取り入れられたのは一九八七年、昭和六十二年、精神衛生法が精神保健法に改められた時でありました。身体障害者福祉法（昭和二十四年）に遅れること三十八年、知的障害者福祉法（旧名精神薄弱者福祉法、昭和三十五年）に遅れること二十七年というわけです。そして、遅ればせながら法制度のもとでの授産施設や援護寮などの社会復帰施設が作られるようになりましたが、その現状はどうでしょうか。精神保健法、精神保健福祉法のもとで精神障害者の医療と福祉はどれだけ改善されたかを見て行くことにしましょう。

5　精神障害者の医療と福祉の現状と課題

—精神保健法、精神保健福祉法のもとで

精神衛生法（一九五〇年）では精神障害者の「医療及び保護」がその目的でありましたが、精神保健法（一九八七年）ではそれに社会復帰が加わり、さらに精神保健福祉法（一九九五年）では、それらに加えて、「自立と社会経済活動への参加」のための福祉の充実が謳われました。まずこの謳い文句のように精神障害者の福祉が充実したかどうかを見てみましょう。

1）**福祉の現状と課題**

精神保健法（一九八七年）および精神保健福祉法（一九九五年）によって制度化された精神障害者の福祉施設の現状は次の表の通りです（表4）。

表4　精神保健福祉法による法内施設の設置状況
2001年4月1日現在

通所授産施設	191
生活訓練施設（援護寮）	231
福祉ホーム	141
地域生活援助事業（グループホーム）	913
地域生活支援センター	248

この表のように、法制度による精神障害者の福祉施設には働く場所として、授産施設（通所、および入所）と福祉工場、生活の場所として援護寮、福祉ホーム、グループホーム、それに最近制度化された地域生活支援センターがあり、一応品目だけは出揃った感じですが、それらの設置状況はご覧のようにすこぶる貧弱です。授産施設などの働く場所は総計一五三で、無認可作業所千五百の十分の一にすぎず、生活施設も、期限のない居住施設であるグループホームをのぞいてはまだ少数です。地域生活支援センターの設置もまだあまり進んでおらず、人口三十万に一ヵ所という障害者プランの目標の達成にはまだ程遠いようです。きょうされん編集の「全国障害者社会資源マップ」一九九六年度版（萌文社一九九七）を見れば明らかなように、精神保健福祉法による法定施設が一つもない県、市町村も少なくありません。このように法定施設の設置が進まないおもな理由は、これらの法定施設の設置運営が法人格の取得を必要としており、その取得が財政上の理由で極めて困難であることにあるのは明らかです。

このように、国の制度による福祉の取り組みが進んでいませんから、精神保健福祉法が謳っている「精神障害者の福祉の増進」を実質的に担っているのは無認可小規模共同作業所であり、その数が増え続けています。しかし、この重要な役割を担っている無認可共同作業所は、無認可なるが故の、財政上、その他の困難を背負っており、関係者の苦労は並大抵ではありません。皆さんもご承知のように、きょうされんは結成当初から無認可作業所問題の抜本的改革を目指し、運動を続けてきましたが（きょうされん／小規模作業所に関する第三次政策提言、二〇〇〇年参照）、先般、社会福祉基礎構造改革の一環として社会福祉事業法が「社会福祉法」と改められ、これまできわめて困難であった社会福祉法人取得の条件が緩和され、法定化の道がひろげられたことは、きょうされんの長年の運動の成果として喜びたいと思いますが、ただ喜んでばかりいられない問題があります。

先日和歌山で開かれたきょうされんの第二三回全国大会のシンポジウム「社会福祉基礎構造改革と障害者施策の行方」でも議論になったように、新しい「社会福祉法」では、法定授産施設などの助成制度が従来の措置費制度から利用者の支援費制度に変わることになっているのですが、おどろいたことに厚生省の担当官によると、この肝心の支援費の決め方がまだ検討中だというのです。担当官は支援費を増やすように、予算を握っている大蔵省に圧力を加えてもらいたいときょうされんに陳情をしておりました。すでに国および地方自治体では、財政再建を名目に、社会福祉予算の切り下げが強行されています。もしも措置費制度から利用者の支援費制度への切り替えが財政緊縮の意図のもとでの方便であるとすれば、社会福祉の切り捨て以外の何ものでもありません。法人の運営費はすくなくとも現在の措置費の水準を下まわらないようにしなければなりません。きょうされんに大いにがんばって貰いたいと思います。

このような問題があることは確かですが、折角開かれた、無認可作業所の法定化の門を叩かない理由はありません。滋賀県の小規模作業所はきょうされん滋賀支部立岡美樹さんから頂いた資料によると次の表のようです（表5）。

この二十年間に小規模作業所は約三倍に増加しており、法人施設も増えていることは皆さんの努力の成果であり、大変喜ばしいことでありますが、精神障害者の作業所が十ヵ所で、全体の十四％、七分の一、しかもすべて無認可であるのは、率直にいって、障害者運動の先進地である滋賀県らしくない状況のように思います。因みに、全国の小規模作業所五千ヵ所中千五百ヵ所、三十％、三分の一が精神障害者小規模作業所ですし、東京都は小規模作業所七〇二ヵ所中二六二ヵ所、二八％、これも約三分の一（一九九九年度）が精神障害者作業所です。

先日、立岡さんからお聞きしたのですが、これまで無認可であった長浜市の精神障害者小規模作業所、パン工房「友愛ハウス」の法人化と精神障害者地域生活支援センター開設の準備が進められているということです。滋賀県にはまだ一つも精神障害者の法人施設がありませんから、皆さんの力で、「友愛ハウス」の法人化を成功させて頂きたいと願っております。そして、これが突破口となって、精神障害者小規模作業所の法人化運動が全県下にひろがることを期待

表5　滋賀県における小規模作業所の設置状況

年　度	1980	1985	1990	1995	1996	1997	1998	1999
小規模作業所総数	19	34	64	74	78	70	73	71
精神障害者作業所				5	5	7	10	10
共作連加盟作業所	3	17	28	34	34	31	30	30

しております。

ところで、精神障害者小規模作業所の法人化を進めるに当って是非知っておかなくてはならないことがあります。私が理事長をしている東京都昭島市の「リサイクル洗びんセンター」を例にとってお話しますと、このセンターは、皆さんもよくご承知のように、全国のきょうされんのなかまの強力な応援で、一九九四年、平成六年四月に開設された、知的障害者通所授産施設と精神障害者通所授産施設の、わが国最初のいわゆる合築施設です。この合築施設を運営するに当って、私たちが一番びっくりし、困惑したのは、精神障害者授産施設の職員定数、運営費が、知的障害者授産施設の半分に過ぎないことでした。調べてみると、名前は同じ授産施設でも、その拠り所である福祉に関する法律によって、職員定数や、運営費の規定がてんでんばらばらで、精神保健福祉法による精神障害者通所授産施設が一番ぶが悪いことがわかりました。まさに法のもとでの不平等です。

先日、和歌山市で開催されたきょうされん全国大会の「法定施設の経営と管理」分科会で滋賀県日野町の「日野の里共同作業所」の加藤芳子さんから、大変な苦労があったが、この三月、法人化が認可され、来年春、新しい法人施設が開設されるというお話がありました。私がこの法人施設に関心を持つのは、それが、身体障害者通所授産施設（定員二十名）、知的障害者通所授産施設定員（三十名）、精神障害者通所授産施設（定員二十名）という、根拠法令を異にする三つの授産施設の合築であり、私たちの洗びんセンターとまったく同じ問題に当面することになるからであります。

きょうされんの洗びんセンターや、今度、日野町に作られる新しい法人施設のような合築施設の職員定数や運営費が障害の種別によって差別があるというおかしなことがまかり通っている原因はきわめて単純で、わが国の障害者福祉に関する法制度が、障害の種別によって分断され、身体障害者福祉法（一九四九年）、知的障害者福祉法（一九六〇年）、精神保健福祉法（一九九五年）というように縦割りになっているためです。いま、必要なことは、こんな時代遅れな障害者福祉法制度の分断をやめさせ、アメリカの「リハビリテーション法」に負けないような、すべての障害者に適用できる「障害者福祉法」を国に作らせることです。日本障害者協議会はすでに一九九七年七月三十一日に「障害者福祉法に関する試案」を発表して、国にその実施を要求しておりますが、一向に埒があきません。しかし、これはなにも合築施設に限った問題ではなく、法定の精神障害者授産施設全体の共通問題です。他人任せにしないで「障害者福祉法」の樹立を国に求める運動を私たち自身が進めなければなりません。きょうされんにはその先頭に立って貫いたいものです。福祉のことはこのくらいにして、精神病院、精神医療の問題に移りましょう。

2）精神病院・精神医療の現状と課題

社会的入院の存在

わが国の精神病院、精神医療でいま一番問題になっているのは、いわゆる社会的入院の存在です。社会的入院というのは、病状はよくなって入院の必要はなくなったが、引き取り手がない、退院後の生活の目処が立たない、などの社会的理由による入院のことで、一九九一年、平成三年の日本精神神経学会社会復帰問題委員会の調査に拠ると、精神病院に二年以上継続して入院している長期入院患者のうち社会的理由で入院している者（社会的入院者）は三十三%を占め、その大部分が分裂病であるということです。その他の資料を総合すると、精神病院在院患者三十三万人の四分の一、ないし三分の一、すなわち八万から十万が退院可能な、社会的入院であるというのが通説のようです。社会的入院はその名のように、医学的理由ではなく、社会的理由による入院であり、この社会的理由のおもなものが、共同作業所などの地域リハビリテーション体制の不備にあることはこれまで見てきた通りであります。

国もこの事実を認め、総理府が一九九六年、平成八年に発表した「障害者プラン。ノーマライゼーション七ヵ年戦略」で、「精神病院に入院している精神障害者三十三万人のうち、数万人は地域の保健福祉基盤が整えば退院できると言われており、このため、計画期間中に二～三万人分程度の社会復帰を可能とするような施設・事業を整備する」といい、「精神障害者の保健医療福祉施策の充実」を重要施策の一つとして取り上げ、社会的入院の解消のための方策を数値目標を挙げて約束しています。

しかし、それが空手形におわっていることは、計画期間七ヵ年の半ばが過ぎたというのに、「社会復帰を可能とするような施設・事業」、つまり、精神保健福祉法による法内施設の設置が、先ほどお話したように、はかばかしくなく、数値目標（それも必要数の五分の一程度）に遠く及ばないことからも明らかです。法内施設を作るのは厚生省で、その予算は大蔵省ですから、総理府には厚生省と大蔵省を動かして「障害者プラン」の約束を絵空事に終らせない責任がある筈です。きょうされんにはその成り行きをしっかりと監視してもらいたいと思います。

ここで強調しておきたいことは、社会的入院はわが国の精神病院、精神医療の問題であり、他人事ではありませんから、その当事者である精神病院、精神医療の当事者がその解消に向かって努力すべきだということです。クラーク報告はそのためのよい助言者となるでしょう。日本リハビリテーション協会の機関誌「ノーマライゼーション」の本年七月号に東京都立多摩総合精神保健福祉センターの伊勢田暁さんが「クラーク報告の意味するもの—歴史的検証」という論文を書いていますから、お読みになってください。

いま、日本の精神病院の社会的入院のことを話しましたが、共同作業所や授産施設が社会的入院の解消に役立つのは社会的入院が存在するからであって、社会的入院が解消したときにこそ、共同作業所、授産施設はその本来の使命である、精神障害者の地域リハビリテーション・福祉の拠点として機能し、精神病院、精神医療と並んで、脱施設化、ノーマライゼーションの促進に専念することができると思います。

6　精神障害者の輝く未来を拓くために

今日の話の冒頭で私は、「わが国十何万の精神病者はこの病をうけたるの不幸のほかに、この国に生まれたるの不幸を重ぬるものというべし」という呉先生の言葉を挙げました。私はこの言葉は単なる過去の事実の表現にとどまるものではなく、私たち精神障害者の医療・精神保健・福祉に携わる者にとって、きわめて大切な意味を持つ言葉だと思います。そのわけは、この言葉が、医療・精神保健・福祉の使命はたんに「この病をうけたるの不幸」の克服だけにあるのではなく、もっと大きな不幸である「この国に生まれたるの不幸」を無くし、この国に生まれたことが幸福であるようにすることであるということを教えていると思うからです。呉先生の時代に比べると、医学、精神保健の進歩によって「この病をうけたるの不幸」は大分軽くなりましたが、しかし、「この国に生まれたるの不幸」は軽くなるどころか、これまでお話したように、今でも精神障害者に重くのしかかっています。

精神障害者の肩からこの重荷を取り除くことがこれからの精神医療・精神保健・福祉に課せられた責務でありますが、いま、良心的な医師、看護職、保健婦、ソーシャルワーカー、リハビリテーション専門職の人たちによって精神病院、精神医療の改革が進められておりますし、地域リハビリテーションと福祉の分野では、無認可小規模共同作業所からはじまった地域で暮らす精神障害者の自立を支える活動とともに、すばらしいことに、精神障害を持つ当事者をはじめとして、精神障害の人たちの地域生活を支える市民のネットワークが全国に澎湃としてひろがっております。「この国に生まれたるの不幸」を取り除き、輝く未来を拓くのは、誰よりも先ず精神障害者自身とその支援者であります。

楽観主義者である私は、精神障害者の輝く未来は決して遠くないと信じます。少し長生きしたおかげでこのような状況を目にすることができるのを幸いに思います。

最後に、近江学園の創設者糸賀一雄（いとがかずお、一九一四―一九六八）さんの先駆的な発達保障の理念と実践の伝統が、精神障害者の地域リハビリテーションに活用されて、新しい施設づくりの一大旋風がこの滋賀の地にまき起こることを期待し、今日のフォーラムがそのさきがけとなることを願って、ひとまず私の話を終ることといたします。

（二〇〇〇年七月二十二日、滋賀県草津市笠山滋賀県立長寿社会福祉センターで行われた「滋賀の精神障害者福祉の発展を考えるフォーラム」での講演に加筆）

第六章　精神病者監護法から百年、精神障害者はどう生きたか

1　はじめに

今年はわが国の精神障害者に関する最初の法律である「精神病者監護法」が制定されて百年、その継承である「精神衛生法」が制定されて五十年という精神医療、精神保健にとっての大きな節目に当っています。この百年の精神障害者の生きざまをあらためて振り返り、そこから精神障害者がこの国に生まれたことを喜べる未来を迎えるための教訓を学び取ることが大切であります。本日のフォーラムでは、午前中に「シンポジウムⅠ　精神医療の現在、過去、未来」、また、このあとに「シンポジウムⅡ　地域生活の現在、過去、未来」がありますから、わたくしの話がこの二つのシンポジウムの背景として、少しでもお役に立つことができれば、まことに幸いであります。

2　「私宅監置」公認ではじまったわが国の精神障害者施策

――精神病者監護法のもとで

精神障害者の「此邦ニ生レタルノ不幸」の源泉といってよい「精神病者監護法」は、当時、野放しになっていた、座敷牢や民間の収容施設を取り締まる目的で作られた、監禁を合法化する法律であります。「監護」という監禁の「監」と看護とか保護の「護」を結びつけたおかしな言葉は、「精神病者監禁法」を主張する政府案と、「保護法」とすべきだとする、専門家として参画した東京大学法医学教授片山国嘉の意見の妥協の産物であるといわれています（表1）。片山国嘉はたまたま欧州留学中の呉秀三に代わって精神病学講座を兼任していたために、この法案の審議に加わったわけです。

この天皇の名において公布された法律の第一条は、監護義務者の規定であって、精神病者をすべて監護、すなわち、監禁の対象と見なすだけではなく、その監禁を国家が家族に義務づけるということに凄まじい規定であります。この百年前の「監護義務者」の思想が、精神衛生法の「保護義務者」、精神保健法、さらには今日の精神保健福祉法の「保

表1　精神病者監護法（1900－1950）

朕帝国議会ノ協賛ヲ経タル精神病者監護法ヲ裁可シ玆に之ヲ公布セシム
御名御璽

明治三十三年三月九日
内閣総理大臣　侯爵山縣有朋
内務大臣　侯爵西郷従道

法律第三十八号 精神病者監護法

第１条　精神病者ハ其ノ後見人、配偶者、四親等内ノ親族又ハ戸主ニ於イテ之ヲ監護スルノ義務ヲ負フ
第２条　監護義務者ニ非ラサレハ精神病者ヲ監置スルコトヲ得ス

第９条　私宅監置室、公私立精神病院及公私立病院精神病室ハ行政庁の許可を受クルニ非サレハ之ヲ使用スルヲ得ス
第10条　監護ニ要シタル費用ハ被監護者ノ負担トシ、監護者ヨリ弁償ヲ得サルトキハ扶養義務者ノ負担トス

護者」の規定にそっくりそのまま受け継がれていることを皆さんに思い出して頂きたいと思います。また、この法律の施行を内務省と警察の管理下に置き、警察は、監護義務者が監禁の責任をはたしているかどうかを監視するというものでありました。わが国の精神障害に関する法律が私宅監置の合法化ではじまったという歴史を忘れるべきではありません。

3　呉秀三と精神病者監護法

この非人道的な精神病者監護法を糾弾して廃止を政府に迫るために書かれたのが呉秀三とその弟子樫田五郎の「精神病者私宅監置ノ實況及其ノ統計的観察。附、民間療法」で、大正七年、一九一八年、精神病者監護法が施行されて十八年後のことであります。

この間、「精神病者監護法」によって合法化された私宅監置は全国にひろがっていきました。このような国の施策の不備を改めさせるためには、私宅監置の悲惨な実情を明らかにして、世論に訴えることが必要であると考えた呉先生が、巣鴨病院および東京帝国大学精神病学教室の教室員を総動員して明治四十三年から大正五年まで、数年がかりで全国にわたって詳しく調査して、その成果をまとめたのがこの報告です。この報告には精神病者を監禁した掘建て小屋や、見るも無残な座敷牢の写真がたくさん載せられており、私宅監置の悲惨な実状がよくわかり、

表2　わが国精神病者の二重の不幸

我邦十何万ノ精神病者ハ実ニ此病ヲ受ケタルノ不幸ノ外ニ、 此邦ニ生レタルノ不幸ヲ重ヌルモノト云フベシ （呉秀三、1918年） Let it be stated that the hundred some thousand mentally ill persons of this nation are all burdened not only with the misfortune of their illness, but also with that of having been born in this land (Shuzo Kure, 1918).

読む人は心の痛む想いを禁ずることができないでしょう。

　この報告の目的は、私宅監置の「ほとんど見るに堪えざる程悲惨なる光景を写し出す」ことによって、世論を喚起して、これを許している精神病者監護法の廃止と、それに代えて、精神病の治療施設作りを促進する法律として「精神病院法」を制定することを政府に求めることでありました。しかし、同時にそれは、座敷牢を合法化して、その全国的ひろがりを許している政府を糾弾する告発の書でもあります。

　皆さんもよくご存知の、「わが国十何万の精神病者は実にこの病を受けたるの不幸の外に、この国に生まれたるの不幸を重ぬるものというべし」という言葉はこの報告に書かれています（表2）。

　この報告が今日においても、精神障害者の医療、保健、福祉に関与する者の必読の書となっているのは、それが今世紀初頭、わが国の精神障害者を苦しめた過酷な運命の、忠実な記録であるとともに、呉秀三ら先覚者の闘いの貴重なドキュメントであるからだと思います。この報告の復刻版（一九七七年）の普及版が最近出版されていますから（二〇〇〇年）、皆さんに読んで頂きたいと思います。

ここでちょっとこの報告が書かれた時代のことを述べておきます。この報告が発表された一九一八年は、一九一四年に始まった第一次世界大戦（一九一四―一九一九）がドイツ帝国の敗戦で終わる前年で、わが国も英、米の連合軍に加わって戦争をはじめ、ドイツ領であった南洋マーシャル群島、中国遼東半島の青島を占領、さらにシベリアに出兵し、陸、海、空軍の軍備拡張にあけくれ、帝国主義の道を走り始めた時代でした。その頃、わたくしは小学生でしたが、父親に連れられて、宮城前で行なわれた、青島占領を祝う提灯行列を見に行ったことを覚えています。わが国が国をあげて戦争の勝利に沸き立っているその傍らで、精神病の人たちの多くが座敷牢の檻のなかに閉じこめられていたのです。政府が精神病の人たちを座敷牢に放置して顧みなかったのは国が貧乏で金が無かったからではなく、軍備拡張に国の財政をつぎ込んだためだったのです。呉先生の「この国に生まれたるの不幸」とは、精神病者を犠牲にして、軍備拡張に狂奔するこの国を告発する憤りのほとばしりでありました。呉先生のこの報告の意味は、わが国の軍国主義に対する告発として見るとき、一層正しく理解することができます。皆さんはこの報告を読むとき、それが国民の大部分によって世界に冠たる強国であり、天壌無窮の神国であると信じられていた大正の「聖代」に書かれたものであることを思い出して頂きたいと思います。

この報告は東京医学会雑誌（同誌第三十二巻、大正七年）という医学雑誌に発表されました

表3　精神病院法（1919－1950）

第1条	主務大臣ハ北海道又ハ府県ニ対シ精神病院ノ設置ヲ命スルコトヲ得
第2条	地方長官ハ左ノ各号ノ一ニ該当スル精神病者ヲ前条ノ規定ニヨリ設置スル精神病院に入院セシムルコトヲ得 一　精神病者監護法ニ依リ市区町村長ノ監護スヘキ者 二　罪ヲ犯シタル者ニシテ司法長官特ニ危険ノ虞アリト認ムル者 三　療養ノ途ナキ者 四　前各号ニ掲クル者ノ外地方長官特ニ入院ヲ必要ト認ムル者
第7条	主務大臣必要ト認ムルトキハ期間ヲ指定シ適当ト認ムル公私立精神病院ヲ其ノ承諾ヲ得テ第1条ノ規定ニ依リ設置スル精神病院ニ代用スルコトヲ得

が、その別刷りが政府、内務省衛生局、貴衆両院議員、中央衛生会委員、新聞社などにひろく配布されるとともに、呉先生は政府と議会に強力な運動を展開されました。呉先生の運動は、議会や政府を動かし、議員提出による法律「精神病院法」が一九一九年、大正八年、制定されました（表3）。

この法律は第一条で明らかなように、内務大臣の命令で地方長官（内務大臣が任命する役人）が設置する官立精神病院（今日の都道府県立病院の原型）の規定です。この規定のように、精神病院の設置は内務大臣の判断にまかされ、地方長官には主体性がありません。第二条は官立精神病院の役割を、危険、あるいは貧困な精神病者の収容に限定したもので、この法律が目指す精神病院が、呉先生の考える、治療を必要とするすべての精神病者のための精神病院とは程遠いものであることがわかります。第七条は代用病院の制度で、精神衛生法から今日の精神保健福祉法にいたるまで、「指定病院制度」として受け継がれ、都道府県の精神病院設置義務（精神保健福祉法第十九条の七

「都道府県は、精神病院を設置しなければならない」）を空文化する役割を果たしています。

それればかりではありません。精神病院法の制定と同時に、呉先生の要求のように精神病者監護は廃止するのが当然であるにも拘わらず、そのまま生き残ることになり、精神病者監護法と精神病院法という、その趣旨においてまったく相容れない二つの法律が並立することとなります。

4　精神病者監護法と精神病院法の二重支配三十年

この精神病者監護法と精神病院法の二重支配は一九五〇年、昭和二十五年に精神衛生法が制定されるまで三十年にわたって続き、精神病院の設置は進まず、呉先生があれほど廃絶を求めた私宅監置はいっこうに減る気配はありませんでした。精神病院法の制定から十八年経った、一九三五年、昭和十年、当時若輩の精神科医としてわたくしが勤務していた東京府立松沢病院で、先輩の菅修さんが行った全国調査のデータによりますと精神病院法による官立精神病院はわずかに六、それ以外の代用病院などの医療施設をあわせても一六九施設、病床一二〇、五四三床にすぎないのに、私宅監置は七千余にのぼっています。精神病院法の制定にもかかわらず、私宅監置は減るどころか益々増え続けていたのです。精神病院法は不備なものではありましたが、もしもこの法律にもとづいて内務大臣が各地の地方長官に精神病院の設置を命じ、地方長官がそれを実行したとしたら、呉先生が望まれたように、私宅監置の悲劇は早晩無くなったに違いありません。しかし、国は、精神病院を本気で作ろうとせず、精神病者監護法を温存しましたから、精神病院法は有名無実で終ってしまったのです。その理由は明らかです。それは精神病院を作るための予算を軍備拡張にまわす必要があったからで、精神病院法と精神病者監護法の二重支配は、戦争準備のための軍国主義日本の国策であり、精神病者はこの国策の犠牲に供されたといってよいと思います。

5　精神衛生法から五十年
――脱施設化に背をむけて

三十年にもおよんだ精神病院法と精神病者監護法の並立という奇怪な状況に終止符が打たれ、「精神衛生法」という近代国家なみの新しい名前を用いた法律が初めて制定され、精神病者監護法と精神病院法の二重支配の時代が終ったのは敗戦から五年たった一九五〇年のことです。ですから、「二十世紀前半の五十年は、医療不在の私宅監置の時代であった」と、いえるでしょう。それから五十年、民主国家日本の新憲法のもとで、精神障害者は「精神病者の二重の不幸」

を過去の物語にすることができたでしょうか。次の表はこの法律の目的ですが（表4）、この表のように、精神障害者の「医療と保護」、「予防」、「国民の精神的健康の保持、向上」を法の目的として謳っています。しかし、その中身はといいますと、名前こそ新しいのですが、精神病院法（一九一九年）以来の伝統である精神障害者の隔離収容のための法規の新設（措置入院、同意入院、指定病院、保護義務者の制度化など）を中心としたもので、かんじんの精神衛生（今日の精神保健）については、精神衛生相談所の規定を設けただけで、すでにその頃、欧米先進国では、現実の課題となっていた精神障害者のリハビリテーション、社会復帰に関する法規がまったく欠落した、旧態依然たるものでありました。

表4　精神衛生法（1950－1988）

この法律は、精神障害者等の医療及び保護を行い、且つその発生の予防に努めることによって、国民の精神的健康の保持及び向上を図ることを目的とする（本法第1条 この法律の目的）

これに比べると、当時の警視庁衛生部技師で、欧米の精神衛生法規に詳しい、日本精神病院協会顧問の金子準二さんが作成した日本精神病院協会私案（金子私案）のほうがはるかに先見性に富んだ内容でした。とくに、この私案の精神障害の定義はすこぶる今日的だと思います（表5）。

それは表5のように、「この法律で『精神障害』とは、精神機能に故障又は欠陥があって、単独で自己の生活又は社会生活を営むことができない状態をいう」というものです。このように、金子私案は精神障害者が「精神機能

表5　精神障害者の定義（金子私案、1950年）

この法律で「精神障害」とは、精神機能に故障又は欠陥があって、単独で自己の生活又は社会生活を営むことができない状態をいう

表6　精神衛生法の精神障害者の定義（1950年）

この法律で「精神障害者」とは、精神病者（中毒性精神病者を含む）、精神薄弱者、精神病質者を言う」（同法第3条）

表7　精神保健福祉法の精神障害者の定義（2000年）

この法律で「精神障害者」とは、精神分裂病、精神作用物質による急性中毒又はその依存症、知的障害、精神病質その他の精神疾患を有する者をいう（同法第3条）

に故障又は欠陥があるもの」、すなわち医療・保護の対象であるだけでなく、「単独で自己の生活又は社会生活を営むことができないもの」すなわち、リハビリテーション・福祉の対象であるというように、「障害者」に関する国際通念に合致する定義を下しています。これに対して精神衛生法の定義は表6のようになっています。

すなわち、「この法律で『精神障害者』とは、精神病者（中毒性精神病者を含む）、精神薄弱者、精神病質者を言う」（同法第三条）というもので、精神障害者は「医療・保護」の対象としか定義されていません。

この定義の違いは単に定義の問題にとどまらず、具体的施策の相違となって現れることは当然の成り行きです。たとえば、精神障害者を医療・保護とともにリハビリテーション・福祉の対象として定義（実は認識）する金子私案では、精神障害者のための施設として、精神病院、精神薄弱

者療育施設などの医療・保護施設のほかに、職業指導を行う「精神障害者更生施設」（今日の精神障害者授産施設）の設置が提唱されています。しかし、精神障害者を医療・保護の対象としてしか定義（認識）しない精神衛生法では、都道府県立精神病院、指定病院（都道府県知事から都道府県立精神病院に代わる施設として指定された私立精神病院のこと）といった医療・保護の施設しか考えないということになります。

これは仮定の話ですが、もし精神衛生法制定の際、金子私案の精神障害者定義が取り入れられていたとしたら、わが国の精神障害者のリハビリテーション・福祉の状況はもっとましなものになっていたに違いありません。因みに現在の精神保健福祉法の定義は表7のようになっています。

「この法律で『精神障害者』とは、精神分裂病、精神作用物質による急性中毒又はその依存症、精神薄弱、精神病質その他の精神疾患を有する者をいう」、というように、精神障害者は「精神疾患を有する者」、すなわち、精神障害者イコール精神病者という、精神衛生法以来の国際的通念に反する古い定義が温存され、障害者としての定義はそっちのけです。そればかりではなく、精神薄弱、精神病質は精神疾患ではありませんから、医学的に間違った定義です。

「社会復帰の促進及びその自立と社会経済活動への参加」を謳いながら、そのための施策がきわめて貧弱なのは、精神障害者が福祉の対象として定義されていないためかもしれません。

こんなおかしな定義がまかり通っているのが実状で、情けないとしか言いようがありません。

精神衛生法が作られた一九五〇年当時はわが国だけでなく、どこの国でも精神病院収容が精神医療の中心でした。一九五〇年代にはアメリカでは収容者一万を超す巨大な州立病院がたくさんあり、五十万を超える人たちが収容されていました。それが大きく変わったのは、一九六〇年代に入ってからで、皆さんもご承知のように、クロールプロマジンをはじめとする、これまで難治とされた分裂病や躁うつ病に有効な抗精神病薬が開発されたこと、さらには、自立生活（Independent Living, IL）運動など、障害者の人権重視の主張がたかまったことと相まって、精神障害者の処遇を精神病院の隔離収容から地域ケアに転換する政策がアメリカをはじめ、欧米先進国で、ほぼ時を同じくして始まったことです。この施設中心から地域中心への移行は「脱施設化 deinstitutionalization」と呼ばれ、いまはやりの「ノーマライゼーション normalization」（普通の暮らしをする）とともに障害者福祉の目標でもあります。

脱施設化のさきがけとなったのがアメリカの州立精神病院で、巨大州立精神病院は廃院となるか、定員二千床以下に縮小され、一九五〇年の五十万床から現在十万床に減っています。このアメリカの脱施設化の原動力となったのが、当時の大統領ジョン・F・ケネディです。彼は一九六三年二月、連邦議会に送った「精神病及び精神遅滞に関する大統領特別教書」で、表8のように述べています。

表8　ジョン F. ケネディ大統領教書から（1993）

精神病および精神遅滞はわれわれの当面する保健問題のうちで
最も火急なものである。いまや、大胆で新しい政策が必要である。
最新の医学的、科学的、社会的技術を彼らに適用することが可能である。
われわれは国民として、今まで長い間、精神病者と精神遅滞者を無視してきた。
このような無視は、われわれが同情と尊敬の理念を守り、
人的能力を最大限に活用しようとするならば、すみやかに是正されなければならない
(John F. Kennedy: Message from the President of the United States relative to Mental Illness and Mental Retardation.精神病および精神遅滞に関する大統領教書、1963年2月5日)

この教書に基づいて予算措置が講ぜられ、脱施設化を促進するための、病院改革、地域の取り組み（地域精神保健センターのきめ細かい設置）が進み、また民間のイニシアティブによる、クラブハウス（ファウンテンハウス）、ホステル、保護工場（sheltered workshop）、などの福祉活動が、合衆国政府および州政府の制度的および財政的援助によって作られ、地域で暮らす精神障害者の社会復帰に役立っています。このような革命的ともいってよい精神医療の変化は、ひとりアメリカだけではなく、イギリス、カナダ、オーストラリアなど多くの国でも起きていました。なかんずく、北イタリアのトリエステで一九六〇年代に起きた精神病院解体と、地域医療への転換は衝撃的でした。

当時、わたくしたち精神医療、精神保健関係者が、このような、すさまじい変化に対応するために精神病院改革に懸命の努力をしたことはもちろんですが、一番のネックは時代遅れの精神衛生法でした。当時の精神科医の組織である日本精神神経学会は精神衛生法の社会復帰、リハビリテーションの規定を設けた代案をつくりその改

表9　クラーク報告から（1968）

日本の精神病院には非常に多くの分裂病者が入院しており、長期収容による無欲状態に陥っている。厚生省はこの状態を改善するために作業療法、社会療法などのリハビリテーションの推進を図るべきである。 日本政府に精神保健活動が不十分であることに対して真剣に考慮するよう勧告する。

正を一九六〇年頃から厚生省に求めてきましたが、とくに、一九六四年三月、昭和四十年のライシャワー駐日米国大使刺傷事件で厚生省がやっと改正の作業に入ったとき、結成間もない全国精神障害者家族連合会（全家連）と連携し、強力に運動して、精神保健センターの設置などに若干の成果はありましたが、肝心の、社会復帰、リハビリテーション、精神障害者の定義についてはわたしたちの主張は通りませんでした。

このような時代に、社会復帰、リハビリテーション不在の精神衛生法のもとでのわが国のおくれを的確に指摘して、その原因と対策を日本政府に勧告したのがクラーク報告です。上の表はこの報告の結論の一部です（表9）。

当時、クラークはイギリス、ケンブリッジのフルボーン病院の院長で、慢性精神病者の隔離収容所であったフルボーンを社会復帰とリハビリテーションの拠点に換えた精神科医で、度々来日しており、日本に知己が多く、わたくしの親しい友人でもあります。わたくしが訳した彼の「社会療法 social therapy」は面白い本ですし、この本にクラーク報告の全文が載っており、一読の価値があると思います。このクラーク報告（一九六八年）が厚生省に提出されてから十六年経った一九八四年、昭和五十九年に、栃木県宇都宮の精神病院で入院患者の人権侵害事件が起こり、この事件をめぐって、国の内外から、厚生省の精神障害者施策に対する非難と改革の要求が湧き上がりました。この激烈な抗議運動に押されて、事件から四年後の一九八八年、昭和六十三年、精神衛生法はやっと改正され、名前も「精神保健法」となり、精神障害者の人権についての規定と社会復帰に関する施策がはじめて国の制度となりました。そしてようやく、わが国以外の欧米先進国では一九六〇年代にはじまり、精神医療と精神保健の大きな流れとなっていた脱施設に第一歩を踏み出すことになったのです。随分長いみちのりでありました。

この精神衛生法のもとでの社会復帰施策の空白を埋めたばかりでなく、精神保健法の社会復帰施設のモデルを作り、政府の精神障害者施策転換の実質的な拠り所となったのが一九七〇年代に地域の草の根運動から生まれた無認可小規模共同作業所です。その第一号は、国立武蔵療養所の退院者の受け入れからはじまった、東京都小平市の「あさやけ第二作業所」で、一九七六年、いまから二十四年前のことです。それ以後、精神障害者共同作業所は全国にひろがり、精神保健法で社会復帰施設が制度化された一九八八年には四百ヵ所でしたが、その後一層増えつづけ、いまその数は千五百ヵ所に達しています。また、作業所のような働く場所のほかに、グループホーム、アパートなどの住まう場所も作られています。

これら無認可の共同作業所やグループホームは、精神保健法で社会復帰施設が制度化され、精神保健福祉法でその種類が増えた現在でも活動しており、その数は減るどころかますます増える傾向にあります。ですから、いま地域で暮らす精神障害者を支えているのは法内と法外の両方で、しかも法外の無認可の方に依存度が高いのが実状であり、無認可施設の財政的助成、認可手続きなどさまざまな解決を要する問題が山積しています。

6　精神保健法、精神保健福祉法のもとで
――社会的入院は何故減らないのか

精神衛生法（一九五〇年）が精神保健法（一九八八年）と改正施行されて間もない一九九五年に、精神保健法は精神保健福祉法と改められ、保健福祉手帳など福祉に関する施策が盛り込まれて、その目的も精神保健法の「医療及び保護と社会復帰」に「自立と社会経済活動への参加」すなわち、福祉の施策が加えられました。しかし、この謳い文句にもかかわらず、福祉施策のほうはあまりはかばかしく進んでおらず、先ほどお話したように、「自立と社会経済活動への参加」に絶対に欠かすことのできない社会復帰施設を法外の無認可施設に依存する状況が続いています。

これはさまざまな理由で、授産施設（社会就労センター）、援護寮（生活訓練施設）、福祉工

場、地域生活支援センターなどの法内施設の設置が進んでいないためです。無認可共同作業所の激増が示しているように、地域で暮らす精神障害者の社会復帰施設に対するニーズはきわめて高いのに、現状はそれを満たしていません。

表10　社会的入院とその対策
総理府「障害者プラン。ノーマライゼーション7ヵ年戦略」(1996年) から

精神病院に入院している精神障害者33万人のうち、数万人は地域の保健福祉基盤が整えば退院できると言われており、このため、計画期間中に2～3万人分程度の社会復帰を可能とするような施設・事業を整備する

社会復帰施設の少ないことと関連して、いまわが国の精神病院で問題になっているのは社会的入院の存在です。社会的入院というのは、病状はよくなって入院の必要はなくなったが、引き取り手がない、退院後の生活の目処が立たない、などの社会的理由による入院のことで、「入院の必要のない入院」です。総理府は一九九六年、平成八年に発表した「障害者プラン。ノーマライゼーション七ヵ年戦略」でこの事実を認めて表10のように述べ、社会的入院解消のための方策として、社会復帰施設の整備を数値目標を挙げて約束しています。しかし、日本精神神経学会社会復帰問題委員会（一九九一年）などの調査資料から、社会的入院は全国精神病院在院患者三十三万人の四分の一、ないし三分の一、すなわち八万から十万と見られていますから、この数値目標は低すぎますが、それにしてもこの低すぎる数値目標さえ、七ヵ年戦略の半ばが過ぎたというのに到達されていません。

これは先ほどお話したように、法内施設になるための法人格取得にお金がかかりすぎて困難であったり、精神障害者の法内施設が、知的障害者や身体障害者のそれに比べて職員定数が少ない、など不利な点が多かったりして、設置が進んでいないからです。

総理府の「七ヵ年戦略」が指摘するように、社会的入院の解消のために地域の社会復帰施設を増やし整備することが必要であることは当然ですが、総理府の約束が空手形におわっているのは、精神保健福祉法のもとでの社会復帰施設や事業などの法定施設の設置が進んでいないからです。何故進まないのか、その原因を明らかにして、適切な対策を講じない限り、総理府の「七ヵ年戦略」の公約は絵空事に終るでしょう。

欧米先進国ではおしなべて脱施設化が精神医療の主流となっているこの時代に、わが国の精神病院では脱施設化に逆行する社会的入院が精神保健福祉法のもとで存在しているのは何故でしょうか。地域の受け皿が少ないこともその一因でしょうが、もっと根源的な原因が精神医療自身にあることは確かです。これについては、主に三つの要因があげられます。一つは医療法(一九四八年施行)の特例で精神病院の医師、看護職、リハビリ専門職、その他のマンパワーが一般病院よりも格段に少ないこと、二つ目は精神科医療に関する社会保険診療報酬が一般医療に比べて低額に過ぎることなどの精神科差別に加えて、三つ目に、一部病院経営者の利潤追求、経営至上主義をあげなければなりません。

先日、二〇〇〇年十月二十六日の朝日新聞の社説をお読みの方も多いと思いますが、読んでおられない方に紹介しますと、次のような衆議院厚生委員会の記事です。

「大臣、狭くてプライバシーも守れない日本のいまの精神病棟で暮らせますか」。民主党の山井和則議員は、見学した四ヵ所の精神病院の写真を示して尋ねた。津島雄二厚相はこう答えた。「大変なことだ。自分がその立場になったら精神的に打撃を受けるだろうなあと思います」。はからずも、日本の精神医療の問題点を政府自らがみとめることとなった。厚相は自身の精神病院訪問の経験から、こうも語っている、「患者さんを良い状態で治療して、早く社会復帰させてあげたい。日本は他の先進国に比べて、病床数がきわめて多く、しかも長く入院する。医療体制に構造的な問題があると感じております」（二〇〇〇年十月二十六日朝日新聞社説から）。

これは衆議院厚生委員会での山井議員と津島厚相のやりとりですが、厚生大臣がわが国の精神医療に「構造的な問題」があることを認めたのはこれが初めてではないかと思います。社説は「日本の医療の貧しさを象徴する精神科差別を、政治は放置すべきでない」と結んでいます。

社会的入院など精神医療の問題は精神医療、精神保健にたずさわるわたくしたち自身の問題であり、他人事ではありません。精神医療、精神保健当事者の自主的努力を積み重ねて、精神医療に対する国民の期待と信頼に応えることが大切だと思います。

精神衛生法に代わって登場した精神保健法、それに続く精神保健福祉法のもとで十二年の歳月が過ぎましたが、いまの社説のように「日本の医療の貧しさを象徴する精神科差別」は政治から放置されたままです。呉秀三先生の「精神病者のこの国に生まれたるの不幸」はなお続いているといわなければなりません。

7　精神障害者の未来を拓くために

大分時間もたちましたので、この辺でわたくしの話を終りますが、最後にすこし蛇足を加えさせていただきます。表11は精神病者監護法から現在の精神保健福祉法までの精神障害者法制度の変遷を示したものです。

精神病者監護法にはじまり、精神病院法と精神病者監護法の並立した今世紀の前半五十年は精神障害者にとって「此病ヲ受ケタルノ不幸」と「此邦ニ生レタルノ不幸」の二重の不幸を文字通り背負って生きた時代であり、この二重の不幸を軽くするために働いたのは主に精神医療を専門とする医師、看護職であり、そのシンボルともいうべきものが医師呉秀三であり、看護婦石橋ハヤでありました。

それが戦後、精神衛生法施行から精神保健福祉法にいたる半世紀の歩みで大きく変ったことは、精神医療が医療施設から地域に拡大したことです。それと関連して精神医療でも、リハビリテーションの活動が重視され、作業療法士、社会福祉士、精神保健福祉士、臨床心理士などのコメディカルスタッフがたくさん参加するようになりました。また、地域にひろがった社会復帰施設では社会福祉を学んだ多くの職員が働いていますし、そこでは何万という精神障害者が自立をめざして働き、生活しています。そして、いま全国各地に回復者クラブという精神障害者の自助組織がひろがっています。昔は「声無き声を代弁する」なんていう言葉がありましたが、いまは精神障害者自らが街頭や集会で、どんどん発言する時代です。

このように、精神医療、精神保健を取り巻く諸状況に大きな変革が起きているにもかかわらず、医療法、精神保健福祉法や、政府の施策がこの変革に対応できないことがまさに問題なのです。厚生大臣がいうような、「精神医療体制の構造に問題がある」のではなく、構造の変化に対応できない「政治に問題がある」のです。わたくしをして言わしめるならば、「精神医療の貧困ではなく、政治の貧困」であります。

表11　精神障害者法制度の変遷

精神病者監護法	1900－1919
精神病院法と精神病者監護法	1919－1950
精神衛生法	1950－1988
精神保健法	1988－1995
精神保健及び精神障害者福祉に関する法律	1995－

精神病者監護法にはじまった「精神障害者の二重の不幸」と訣別して、二十一世紀にむけて、その未来を拓くことは決して困難ではありません。「此病ヲ受ケタルノ不幸」は最近十年の精神医学の進歩によって、精神疾患の治療が一層進み、最も難治といわれた分裂病患者の社会復帰が可能となり、脱施設化の医学的条件が整ってきたからです。この精神医学の進歩を精神障害者の処遇や福祉につなげるのを阻んでいるのが政治の貧困であり、「コノ邦ニ生レタルノ不幸」にほかなりません。

二十一世紀の課題は「コノ邦ニ生レタルノ不幸」を取り除くことであります。呉先生の時代と異なって、精神障害者にかかわりを持つ人と組織は精神障害者自身、家族、市民を含めて全国にひろがっておりますし、国際的なつながりもできています。いま、大切なことはそれらの人、組織がばらばらではなく、「コノ邦ニ生レタルノ不幸」を取り除く運動体として結集することだと思います。このフォーラムがその契機となることを期待してわたくしの話を終ります。

（二〇〇〇年十一月二十八日、東京都新宿安田生命ホールで行われた「精神病者監護法制定百周年・精神衛生法制定五十周年記念フォーラム」での記念講演に加筆）

第七章　現代に潜む治安維持政策

―戦時下の精神障害者処遇と二十一世紀の実践課題

1　はじめに

いま、ご紹介を頂いたきょうされん顧問の秋元です。今日の「二〇〇二年 春を呼ぶ集い」は、日ごろわが国の障害者の生活と権利を守るために連携して活動している全国障害者問題研究会（全障研）、障害者の生活と権利を守る全国連絡協議会（障全協）およびきょうされんの三団体の主催によるもので、今年の障害者運動の出発式でもあると思います。この大変大切な集会で私がお話をすることになったのはまことに光栄であります。せっかくの機会でありますので、演題のようなことをお話することにします。このようなことをお話するのは、障害者の生活と権利を守ることの大前提が平和を守ることであり、戦争に反対することであるからであります。

二十一世紀は戦争のない平和な世紀でありたいという私たちの願いをよそにアメリカのアフガニスタン報復戦争を皮切りに、世界はいま、戦争の悪夢に脅かされており、わが国はすでにその渦の中に巻き込まれていることは皆さんが痛感しておられることだと思います。このような時代こそ、私たちはかつての十五年戦争が障害者に加えた迫害の実態を明らかにして、戦争のあやまちを再び繰り返さないための拠りどころとしなければなりません。

表1　十五年戦争の系譜

満州事変から太平洋戦争へ	
1931（昭和6）	満州事変（柳条湖事件。満州爆撃）
1932（〃 7）	上海事件。満州国建国
1933（〃 8）	国際連盟脱退。満州開拓移民団結成
1937（〃 12）	日華事変（北京、南京、杭州占領、日中戦争）
1938（〃 13）	戦争中国全土に拡大。国家総動員法発令
1940（〃 15）	日独伊三国軍事同盟締結。佛印進駐。
1941（〃 16）	真珠湾爆撃。米国、英国に宣戦布告。
1944（〃 19）	米軍マーシャル群島占領。B-29東京空襲。
1945（〃 20）	米軍沖縄占領。本土空襲激化、広島、長崎原爆被災、ポツダム宣言受諾、全面降伏、敗戦（8.15）。
1946（〃 21）	天皇神格否定の詔書、国号日本国。日本国憲法公布

2　十五年戦争と精神障害者

日本が旧満州、中国、さらに東南アジア諸国を「大東亜共栄圏建設」などという美名のもとで侵略した十五年戦争（一九三一年の柳条湖事件にはじまる満州事変から一九四五年の敗戦まで）では、侵略された諸国のたくさんの人民が殺傷されたばかりでなく、わが国の人民もたくさん犠牲になりました（表1）。

きょうされん機関誌ＴＯＭＯの二〇〇二年一月号の斎藤とも子さんとの対談でもふれましたし、あちこちで話したり、書いたりしていますが、この十五年戦争で、精神病院に入っていた精神障害の人たちがたくさん死んでいます。信頼できる記録が残っているのは傷痍軍人武蔵療養所（現在の国立精神・神経センター）と東京府立松沢病院（現在の都立松沢病院）ですが、戦争による精神障害者の受難を物語る貴重な記録です。

「戦争と精神障害者」を問題にするときに忘れてならないのは、戦争が精神障害を悪化させ、あるいは作り出すことです。中国との戦争が始まると、戦闘で怪我をして、手足を失ったり、結核などの病気にかかる軍人が沢山出るようになりました。その中には、精神障害や戦時神経症と呼ばれた神経障害を呈する人たちも少なくありませんでした。全国各地の陸軍病院や海軍病院では対応できない長期療養を必要とする傷病兵のために昭和十四年七月、厚生省の外局として、軍事保護院がもうけられ、全国各地に結核療養所、温泉療養所、精神療養所が設置されました。精神療養所は全国で三ヵ所作られました。一番最初に作られたのが、東京都小平市に設置された「傷痍軍人武蔵療養所」で、開設は昭和十五年十二月十一日、太平洋戦争の始まるちょうど一年前でありました。続いて昭和十六年十二月に千葉県の下総療養所、昭和二十年十月、戦争が終わったあとに佐賀県の肥前療養所が作られています。

傷痍軍人武蔵療養所は精神障害軍人を治療する施設でしたから、年齢が比較的若い、身体的には丈夫な若い人たちが多かったにもかかわらず、昭和十六年頃から死亡者が増加していますか(表2)。

開設の翌年、太平洋戦争がはじまった昭和十六年には二十六人であった死亡者が、それからどんどん増えて昭和十九年、百六人、敗戦の年、昭和二十年には百六十人となっています。当時の在院者は二百三十九人ですから、棒グラフのように、その半分以上の人が亡くなっています。武蔵療養所は戦後厚生省に移管されて一般市民に開放されましたが、死亡率が減ったのは数年後です。

もうひとつの記録は府立松沢病院の死亡統計です。松沢病院は武蔵療養所とちがって、一般市民の治療施設で高齢者も多数含まれていたこともあって、食糧不足の影響は一層大きく、ここの死亡率の増加は一層深刻です（表3）。

死亡者の増加はすでに太平洋戦争開戦の数年前、昭和十一年には

表2　死亡者の増加

傷痍軍人武蔵療養所			
年　度	年度末在所者	退所者	死亡者
昭和15年	127	6	1
〃 16〃	299	72	26
〃 17〃	317	47	55
〃 18〃	310	59	32
〃 19〃	377	40	106
〃 20〃	239	141	160
〃 21〃	284	88	103
〃 24〃	410	83	33
〃 25〃	417	53	7

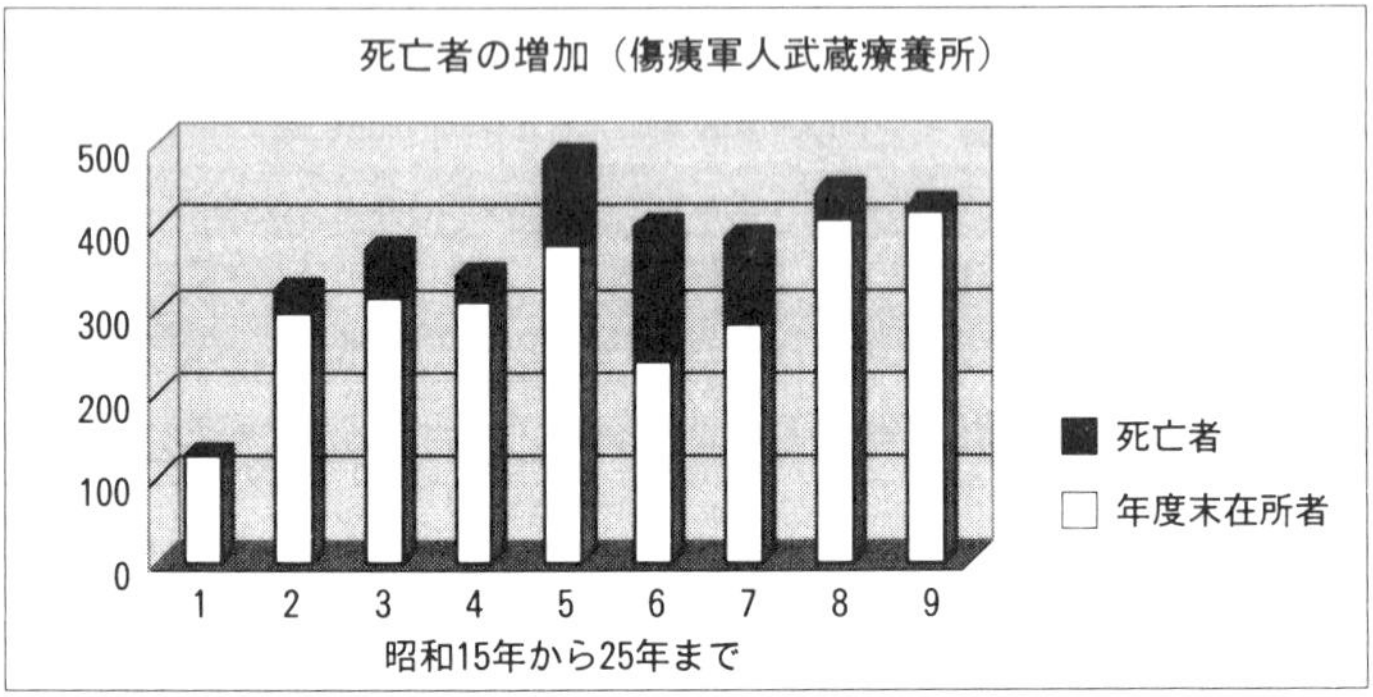

じまっています。それ以前の死亡者は大体年に十人くらいですけれども十一年には七十三人が亡くなっています。それが昭和十六年、太平洋戦争がはじまった年には二百三十九人に増えています。当時の在院者は千人ほどでしたから死亡者は四分の一ほどでしたが、それが昭和二十年には四百八十人、在院者は減って六百二十人でしたから、死亡者は棒グラフのように二分の一に激増しています。そして、敗戦後もまだ死亡者の増加が続き、十人内外に

表3　死亡者の増加

東京府立松沢病院		
年　度	死亡数	1日平均在院患者数
1936（昭和11）	73	1,007
1937（昭和12）	76	1,033
1938（昭和13）	121	1,045
1939（昭和14）	182	1,045
1940（昭和15）	352	1,051
1941（昭和16）	239	1,048
1942（昭和17）	174	973
1943（昭和18）	170	963
1944（昭和19）	422	888
1945（昭和20）	480	620
1946（昭和21）	173	520
1947（昭和22）	108	463
1948（昭和23）	61	651
1949（昭和24）	68	728
1950（昭和25）	77	824
1951（昭和26）	79	916
1952（昭和27）	54	980
1953（昭和28）	47	1,022
1954（昭和29）	35	1,039
1955（昭和30）	36	1,124
1956（昭和31）	14	1,133

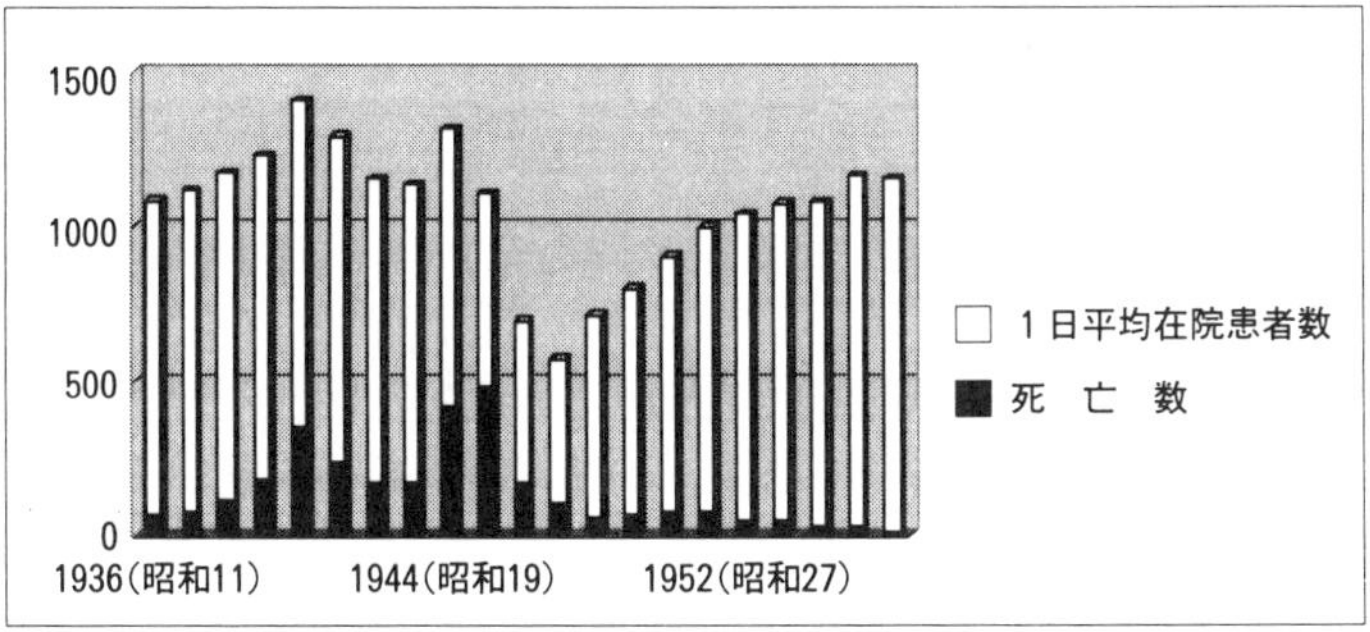

戻ったのは昭和三十一年以降です。

この死亡の原因ですけれども、それを調査した報告が残っています。それによると死亡原因は大部分が栄養失調症、つまり、飢え死です。

当時、一般市民は闇で食料を手にいれたりして、なんとか飢えを凌ぎましたが、病院に閉じ込められた障害者は配給だけで生きなければならなかったわけです。私の旧制松本高等学校時代の友人で、当時、厚生省の栄養課長をしていた大礒敏雄君（後に国立栄養研究所長となる）は当時を回顧して次のように述べています。


戦後極度に逼迫した食糧事情を最も残酷に受けたのは、当時全国の精神病院に収容されている患者たちであったろう。…全国各地の精神病院の患者の死亡はおびただしいものであった。そこで何とかこの人たちに食糧を特配してくれないかと筆者のところへ、その方面の担当者から申入れてきた。そこで筆者は農林省に赴いてこの惨状を訴え、何とか少しでよいから米か麦の特配をしてくれと懇願した。ところが、健康な人たちでさえ飢えようとしている矢先、気ちがいを助けるなんてとんでもないことだ。本当は、この際こういう人たちは死んでくれたほうがいいんでしょうという挨拶である。そこでとうとう筆者は色をなして、何たる言い分だ！今日君らが生きてゆかれるのはまことにありがたい仕合わせではないか。それこそ犠牲となった人たちに大いに感謝しなくてはならぬはずである。元気で、この飢えから救われた感謝のしるしに、それこそわれわれは税金のつもりで、ひとつまみの米か麦をこうした不幸な人たちに恵んでくれれば、この人々は救われるのだ！と大いに弁明これ努めた甲斐あって癩・精神・結核に悩む多くの入院患者に対し、一日一合の米・麦の特配が許されたのである。…

この回顧談のなかの「気ちがいに食料の特配などとんでもない話だ。こんなごくつぶしは死んだほうがましだ」という、当時食料配給の権力を握っていた農林省の役人の言葉はこの役人の個人的意見というより、当時の政府当局の共通の考えであったにちがいありません。当時陸軍の航空部隊が松沢病院をわざと誤爆するという話があったくらいです。大礒君の懇請による特配は戦局の激化で立ち消えとなり、精神病院の飢餓状態は戦争が終わってもなおしばらく続きました。今お話したのは戦争による障害者受難のほんの一節にすぎないと思います。十五年戦争の過ちを繰り返さないためにも、私たちは、全国に埋没しているであろう障害者受難の記録をこれからも掘り起こす作業を続けるべきだと思います。

大礒敏雄君と、松沢病院院長室で

それから傷痍軍人療養所のことで付け加えますと、飢餓時代を生き抜いた傷痍軍人が厚生省に移管された国立武蔵療養所に数十人入院しておりました。私は、昭和四十一年から昭和五十二年まで、この元傷痍軍人武蔵療養所の所長をしていたのですが、その間、これらの人たちのお世話をしました。そして痛感したことは、十五年戦争はまだ終わっていないということでした。この人たちはまだ未復員の軍人であり、戦争が精神障害者を作ることの生き証人であるからです。千葉県国府台陸軍病院（現在の国立精神・神経センター国府台病院）は陸軍の精神病院ともいうべきもので、十五年戦争で発病した精神障害兵士や、頭に銃弾を受けて、重い神経機能の障害をきたした兵隊がたくさん収容され、その治療のために精神科や神経科の医師が軍医として召集されました。当時私は東京大学の講師を務めていましたが、次から次へと若い医局員が招集されるので、大学の診療が手薄になり、大変困ったことを記憶しています。

国府台病院の精神障害兵士の実態については、埼玉大学教育学部清水寛教授らが調査研究を行っており、戦争と障害者問題に貴重な資料を提供しています。

3　十五年戦争と治安維持法

ここで是非お話しなければならないのは十五年戦争の遂行に決定的な役割を果たした治安維

持法という悪法のことです。この悪法のもとで、戦争に批判的なたくさんの良心的な人々が犠牲になりました。これからお話することは決して過去の物語ではなく、「治安維持法犠牲者国家賠償要求同盟」（昭和四十三年、一九六八年結成）が主張するように、「治安維持法はいまも生きている」のであり、そしてそれはいつ勢いを盛り返すかわからないといわなければなりません。戦争をはじめるためには治安維持法が必要だからです。治安維持政策はさまざまな形で現代に潜んでいるからであります。

まず、治安維持法の成り立ちから話を始めたいと思います。治安維持法は、大正十一年の日本共産党の結成など、革新勢力の台頭を抑圧するために、その翌年、大正十二年に作られた「治安維持ノ為ニスル罰則」（勅令第四〇三号）をさらに厳しいものにするために、大正十四年四月二十二日公布された法律で、その第一条は「国体ヲ変革シ又ハ私有財産制度ヲ否認スルコトヲ目的トシテ結社ヲ組織シ又ハ情ヲ知リテ之ニ加入シタル者ハ十年以下ノ懲役又ハ禁錮ニ処ス」というものでありましたが、間もなく昭和三年六月二十九日、三・一五事件のあと、緊急勅令で罰則に死刑を加えるなどの改悪を行い、さらに、昭和十六年三月、太平洋戦争突入の前夜には、罰則が一段と強化されるとともに、適用の範囲も「結社ヲ組織シタル者」、「結社ニ加入シタル者」だけではなく、「金品其ノ他ノ財産上ノ利益ヲ供与シ又ハ其ノ申込若ハ約束ヲ為シタル者」、すなわちシンパサイザーにおよぶように拡大されました。また、予防拘禁制度を設けて、当局が危険と見なすものを無期限に拘束できることにしました。この制度により指導的な共産党員は敗戦まで獄につながれました。

　治安維持法が作られた大正十四年は、私が東京大学医学部に入学した年でありますが、翌大正十五年十二月には、京都大学、同志社大学などの「社会科学研究会」の学生が治安維持法違反で検挙される事件（「京都学連事件」）があり、治安維持法が共産党などの社会変革運動の弾圧にとどまらず、マルクス主義、唯物論をはじめとす

表4　治安維持法とその被害者

治安維持法犠牲者国家賠償同盟中央本部編:
いまも生きている治安維持法. 1984.から

年　度	検挙送検者数	起訴者数
1928（昭和3）年	3,697	525
1929（昭和4）年	5,308	339
1930（昭和5）年	6,877	461
1931（昭和6）年	11,250	309
1932（昭和7）年	16,075	646
1933（昭和8）年	18,397	1,285
1934（昭和9）年	5,947	496
1935（昭和10）年	1,888	114
1936（昭和11）年	1,396	139
1937（昭和12）年	1,294	207
1938（昭和13）年	552	101
1939（昭和14）年	319	90
1940（昭和15）年	632	149
1941（昭和16）年	934	158
1942（昭和17）年	329	145
1943（昭和18）年	269	
1944（昭和19）年	170	
1945（昭和20）年	79	
計	75,681	5,162

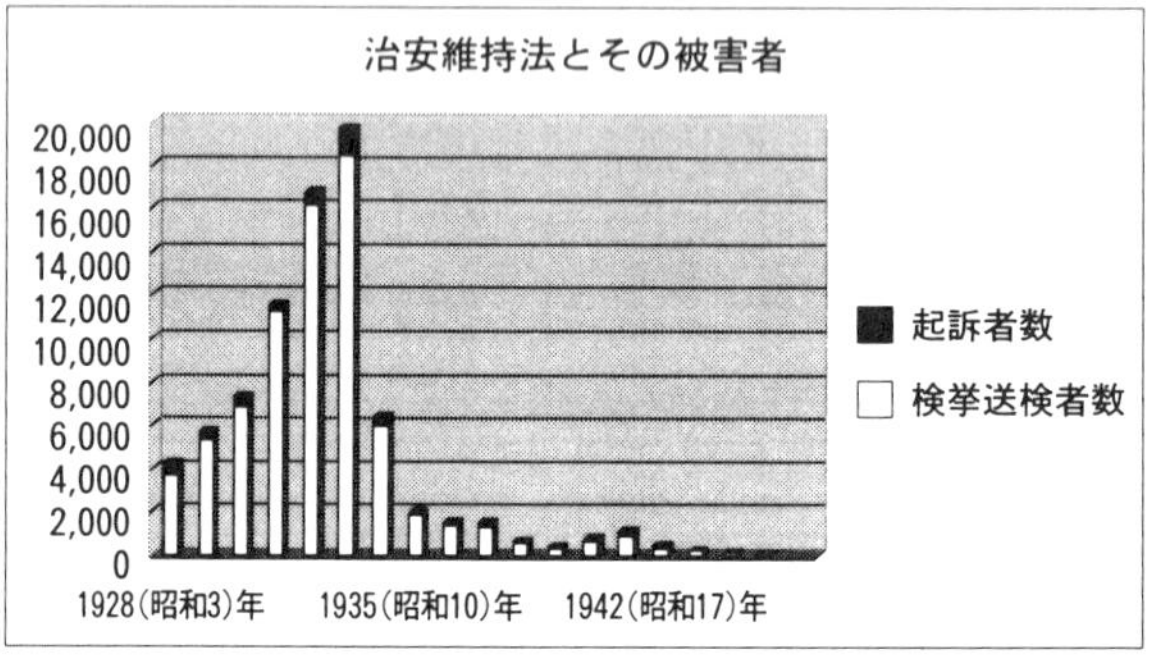

る社会科学の思想、研究をも刑罰の対象とする、思想、信条の自由を踏みにじる悪法であることを痛感したことをよくおぼえております。

この悪法の下で、昭和三年から昭和二十年の敗戦で治安維持法が廃棄されるまでに検挙された人は七万五千余人、起訴された人は五千余人の多数にのぼりました（表4）（司法省調べ）。

表4のように、検挙者、起訴者は昭和三年の三・一五事件にはじまって、毎年増えつづけていますが、昭和八年をピークとして減りはじめ、太平洋戦争に入ると激減してしまったた少は、共産党員をはじめとして民主的な立場の人たちがねこそぎ検挙、投獄されてしまったためですが、棒グラフで注目して頂きたいのは検挙された人と起訴された人の割合です。検挙された人が起訴された人に対して格段に多いことがわかります。大学の社会科学研究会に加わっていたとか、マルクスの資本論をもっていたというだけで検挙されたのです。この棒グラフは治安維持法がいかに猛威をふるったかの見本です。そして、この治安維持法を振りかざして滅茶苦茶な検挙を実行したのが、特別高等警察―略して特高とよばれていますが―であることは、皆さんご承知の通りです。

特高のはじまりは、幸徳秋水（一八七一―一九一一）たちのいわゆる大逆事件（明治天皇暗殺を企てたという根も葉もないでっちあげで、当時の刑法にいうところの大逆罪が適用されて、明治四十四年、一九一一年一月二十四日、幸徳はじめ管野スガら十二人が処刑されました。世に言う大逆事件です）が契機となって、翌明治四十五年東京警視庁と大阪府警察部に設けた、社会運動の取締りだけを担当する「特別高等課」にさかのぼります。

「特別高等課」は、昭和三年の三・一五事件のあと全国にひろがり、全国道府県の警察部（東京は警視庁）に「特別高等警察部」がおかれ、専属の警察官が配置されました。彼らは思想犯罪摘発を専門とする、尾行・逮捕・拷問・スパイの技術に習熟したベテランであり、「特高」と呼ばれていました。

治安維持法で検挙され、「特高」からひどい目にあった映画評論家の岩崎昶（いわさきあきら）さんは次のように述べています。

日本の「特高」は、ナチスの「ゲシタボ」（ヒトラーの作った秘密国家警察）と並んで世界の警察テロの双璧ということになっていた。GESTABOと同じくTOKKOと外国でも原語でそのまま呼ばれていた。それほど有名で、それを訳す必要がないほどに凶悪をもって鳴っていた。特高がどんなに非人間的で、冷酷で、法の名による殺人を平然と犯していたか、私がここで繰り返す必要がないほどよく知られている。「警察は天皇陛下の警察なんだぞ、貴様らの一匹や二匹ブチ殺したっていいことになっているんだ！と、私たちはいつも特高の刑事どもに罵られ、おどかされ、そして彼らはそれを実行した。何百人の人びとが彼らの手にかかって殺されたことはちゃんと数字が物語っている（治安維持法犠牲者国家賠償要求同盟編「抵抗の群像」。白石書店、一九七六、から）。

表5は岩崎さんのいう「特高」の悪行を物語る数字であります。岩田義道（昭和七年虐殺死）、小林多喜二（昭和八年虐殺死）をはじめ特高の残虐な拷問によって虐殺された人は八十人を数えます。

昭和二十年八月十五日、日本はポツダム宣言を受諾、無条件降伏して十五年戦争は終結しました。GHQの指令によって釈放された、治安維持法、およびさまざまな戦時下の法令により拘留・投獄ないし自由を制限されていた人びとは、東京府中刑務所予防拘禁所に収容されていた日本共産党の指導者徳田球一、志賀義雄ら総計二、六八二人にのぼりました。この事実は、治安維持法が戦争に反対する人たちを抹殺することによって十五年戦争の準備と遂行を可能にするのに、なくてはならない重要な役割を担っていたことを雄弁に物語っています。

表5　治安維持法の犠牲者

治安維持法犠牲者国家賠償同盟中央本部編：ふたたび戦争と暗黒政治を許すな―いまも生きている治安維持法．1993.から

明らかな虐殺死	80人
拷問・虐待が原因で獄死	114人
病気その他の理由による獄死	1,503人
逮捕後の送検者数	75,681人
未送検者数	数10万人

ここで述べておかなくてはならない重要なことがあります。それは治安維持法の廃止が日本政府の自主的判断によるものではなく、連合軍総司令部GHQの指令により、占領政策の一環として行われたもの

であるということであります。それに加えてもう一つ重要なことは、戦後の政府が治安維持法の犠牲者に対する賠償の責任を果たしていないことであります（国家賠償要求同盟昭和四十三年、一九六八年結成）。それは日本国政府に、何故治安維持法を廃棄したかの自覚が欠如し、責任を感じていないからであり、その意味で、治安維持法は現代に潜む治安維持政策としていまも生きているのであり、そしてそれはいつ勢いを盛り返すか解らないのであります。

これまでにお話したように、特高は治安維持法の実行部隊として、戦争に反対するすべての人たちを弾圧しましたが、それは十五年戦争遂行のために必要な血祭りでありました。これからお話する松沢病院に収容された拘禁精神病の人たちもまた、この血祭りの犠牲者にほかなりません。

4 治安維持法と拘禁精神病

治安維持法とその手先である特高の犠牲となったのは彼等に検挙され、拷問で虐殺された人たちだけではありません。拘禁精神病という病名で精神病院に収容された人たちのことを忘れるわけにはいきません。私は昭和十年四月から二年間ほど松沢病院に勤務しましたが、そのときにはもう大半の人たちは退院して直接私が診療したの2人だけですが、この人たちから受けた強烈な印象はいまでも私の記憶にあざやかです。その当時松沢病院に収容された治安維持法関係の人たちは全部で二十五人ですが、それらの人たちの病状や経過の詳しい記録が、当時この人たちの診療を担当した、医局の先輩の、故野村章恒（のむらあきちか）さんの論文として精神医学の専門雑誌（「心因性精神病、殊ニ拘禁性精神病ニ關スル臨牀的知見」精神神経学雑誌第四十一巻第三号昭和十二年三月二十日発行）に掲載されています。

この論文が発表されたのは昭和十二年で、日本帝国陸軍の中国侵略（北京、南京、杭州占領、日中戦争）の最中であり、このような時代的制約のもとで、治安維持法による拘禁精神病が何故生じたかという肝心の問題が論じられていないのはやむを得ないことかもしれません。しかし、詳細にわたる臨床症状の記載は治安維持法による拘禁精神病がいかに悲惨で激しいものであったかをリアルに物語っており、まさに昭和初期のわが国の暗い側面の証人であります。

時間が許さないので、問題を拘禁精神病と治安維持法との関係に絞ってお話しますと、図1は松沢病院に入院した拘禁精神病者の年次推移です。ご覧のように、入院は昭和三年から昭和九年の七年間に集中しています（野村章恒の論文より）。

これは丁度昭和三年の三・一五事件、昭和四年の四・一六事件にはじまる共産党員とシンパの大検挙の時期と一致します。昭和十年以後拘禁精神病の入院がなくなったのは、相継ぐ弾圧で昭和十年、日本共産党中央委員会が壊滅して、民主化運動が圧殺されてしまったからだと思

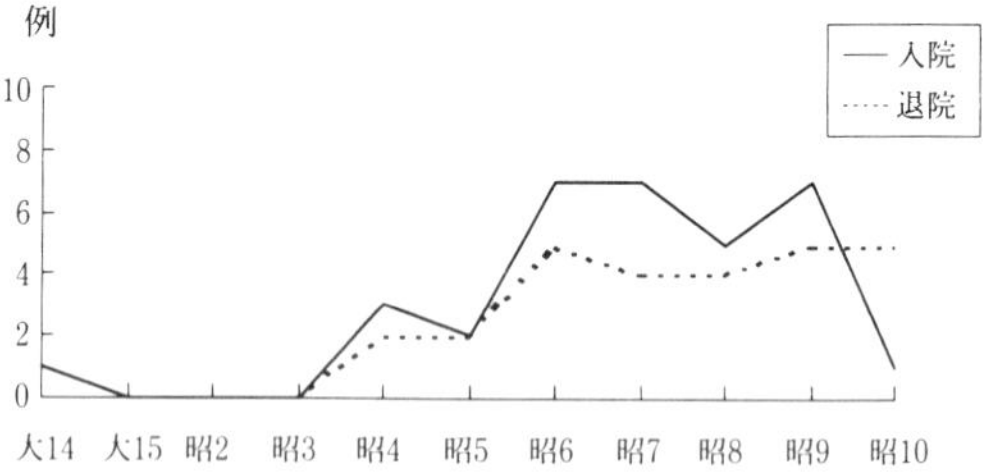

図1　拘禁精神病者の年次推移
東京府立松沢病院野村章恒の論文による

います。この時期を画してわが国は十五年戦争の道をまっしぐらにつき進むこととなります。このように、拘禁精神病増加の原因が治安維持法の実施であることは明らかです。

それでは何故治安維持法は拘禁精神病の原因となるのでしょうか。一般に拘禁精神病はその名前のように、法律その他の強制的処置によって、人がその身体的、精神的自由を物理的に制限され、拘束される場合（警察、拘置所、刑務所収容）に起きる心因性精神障害のことでありますが、治安維持法の場合の精神障害は一般の拘禁精神病に比べて病状が格段に重く深刻であり、激しい興奮や幻覚妄想を主症状とする急性期分裂病と鑑別の困難な病像を示すものが多いことがその特徴です。このような一過性であるけれども、著しい精神統合解体の症状を惹起する原因は拘禁という物理的条件よりも、特高警察の弾圧（拷問、転向の強要）による苦痛、恐怖、それに加えて思想的忠誠と肉身愛のジレンマ、等々の精神的苦悩の限界状況に求めるべきであります。

私がこのように考える一つの根拠は、野村論文の症例二十二に挙げられている作家中本たか子（一九〇三―一九九一）の、精神障害から完全に回復したのち、昭和四十八年に出版した自伝的回顧録「わが生は苦悩に灼かれて」（白石書店、一九七三）に書かれている特高の拷問の生々しい記述（同書五九―六一頁）と、市谷刑務所収監中父親からの手紙で触発された精神的苦悩の描写であります。彼女は四・一六事件のあと、昭和五年四月ごろから、党再建の責任者となった田中清玄のハウスキーパーとして活動中、同年七月十四日検挙、谷中署に拘留され、警視庁から出向いた三名の特高に取り調べられましたが、そのときの拷問の有様が次のように生々しく書かれています。

捕まってから十日くらいたった七月二十四、五日だった。警視庁の特高課から三人きて、わたしを二階の調べ室によびだした。青木警部が小さな机のむこうで、主になって誘導尋問をしたが、何一つわたしは答えなかった。すると、右がわにひかえていた栗田が唇をなめずって立ち上がるがはやいか、いきなりわたしの頭に手をのばして、髪の毛をむずとつかんだ。「よし、なめるならなめろ！こっちの手をみせてやる！」と憎々しげに叫ぶと、わたしの髪をつかんだまま自分の方へひきずりよせると、もう一方の手をげんこつにかためて、わたしの頬を力まかせになぐりつけてきた。するると、左がわにいた手下が立ち上がり、足でわたしの背中をけりつけた。二人で殴る、蹴るをつづけていると、前面にいた青木警部もやおらたち上がって、部屋の隅から竹刀をもってきて、わたしの頭をたたきつけてきた。
かれらは、こんどはわたしを布きれ一枚つけないで、まっ裸にして、逆さに吊るそうとして、あたりを見回したが、わたしの体重にたえるだけの釘が鴨居にも天井にもなかった。青木も栗田もいまいましそうに舌うちして、わたしを畳の上になげつけた。
そして、青木が手箒をもってきて、その箒の柄を、わたしの股の奥につっこんだ。つまり、わたしに女性としてのはずかしめを与えようとしたのだった。わたしはそのはずかしめに、気も転倒するばかりに驚き、もがいた。かれらはそんなことに慣れきっていて、相手をはずかしめることを、愉しんでいるようだった。箒の柄がうまく股のおくにはいらないので、こんどは、栗田がわたしの上に馬乗りになって、両手で首をしめ、「堕ちろ、おちろ、地獄におちろ！」と芝居のせりふのような言いぐさをして、両手に力をいれた。わたしは彼がしめつける手のなかで、しだいに意識を失った（中本たか子：「わが生は苦悩に灼かれて」五九―六一頁、白石書店、一九七三）。

また、父親の手紙について、たか子は回想録で次のように述べています。

郷里の父から手紙がきた。父は貧農の生まれで、若いころ陸軍の最下級の将校をしていた人だけに、頑固一徹な性質であった。手紙には、なかなか激越なことばがつらねてあった。くりかえしよんでいるうちに、わたしは極度の興奮で頭がわれそうになり、涙はとまらず、怒りと悲しみと、悔いと寂しさと、こうした感情に心をかき乱されてしまった（「わが生は苦悩に灼かれて」八七頁）

たか子が激しい錯乱状態となり市谷刑務所から松沢病院に送られたのは父親の手紙を読んだ数日後のことです。私は中本たか子のこの作品は彼女ひとりの体験の告白に終わるものでなく、同じような運命をたどった仲間たちの声なき声を代弁するものであり、ひいては治安維持法が何故拘禁精神病の原因となったかの謎を解き明かす貴重な記録であると思います。

因みに中本たか子は精神障害から回復したのち、戦後、作家として活動、蔵原惟人氏と結婚、平成三年九月二十八日に亡くなりました。享年八十七歳でした。

これまで述べてきましたことを要約すると、治安維持法で逮捕、拘禁された人たちの拘禁精神病は、治安維持法という悪法の告発であり、良心と自由に対する権力の弾圧への無言の抗議として理解すべきであるということであります。

野村論文では匿名となっていた二十五人の実名は労働者教育協会理事藤田廣登さんの努力ですべて明らかになりました（表6）。これらの人たちの復権を実現しなければなりません。

表6　治安維持法による拘禁精神病の人たち　　野村章恒論文第1表を訂正

姓　名	年齢	性	職業	検挙	入院期間	転帰
○松本倉吉	33	男性	木工	昭3	1年11ヵ月	全治退院
○片山峯登	29	男性	製図工	昭3	1年10ヵ月	全治退院
朴得鉱	25	男性	学生	昭3	5ヵ月	全治退院
簑輪郁彦	23	男性	学生	昭5	9ヵ月	全治退院(再発)
原田耕	28	男性	著述業	昭5	5ヵ月	全治退院
○上田三郎	23	男性	会社員	昭4	1年20日	全治退院
宮原末勇	29	男性	電機工	昭8	8ヵ月	全治退院
○岡田勝定	23	男性	学生	昭7	1年5ヵ月	全治退院
金志爀	27	男性	学生	昭8	1年余	軽快退院
金致廷	29	男性	飛行士	昭8	2年余	未治在院
○鏑木義美	27	男性	学生	昭5	1年7月	全治退院
石川四郎	27	男性	自由労働者	昭6	1年1ヵ月	軽快退院(再発)
北浦千太郎	29	男性	著述業	昭3	2年8月	全治退院
奥林義雄	21	男性	店員	昭5	4ヵ月余	全治退院
井汲越次	29	男性	学生	昭4	1年2ヵ月余	全治退院
○森田京子	24	女性	学生	昭3	5ヵ月余	全治退院
○中本たか子	29	女性	著述業	昭5	8ヵ月余	全治退院
○片山叡	26	男性	学生	昭3	2年1ヵ月余	全治退院
○田村冬松	36	男性	鋳鉄工	昭7	1年8ヵ月	軽快退院
○大久保兼彦	27	男性	勤人	昭5	1年8ヵ月	全治退院
田代文久	36	男性	著述業	昭8	2年余	軽快在院
内野実	28	男性	勤人	昭7	2年余	未治在院
長谷川茂	26	男性	学生	昭7	8年余	死亡
伊藤千代子	25	女性	学生	昭3	1ヵ月余	死亡
○小松儀四郎	23	男性	学生	昭7	3ヵ月	死亡

○印は病歴が松沢病院に保管されているもの

5　おわりに

いまお話した松沢病院に収容された二十五人の共産党員の人たちは、狂気の故に、永いことその存在を黙殺されてきましたが、彼ら『良心の囚人』の復権運動があちこちではじまったことはたいへん嬉しいことです。その一つが松沢病院入院中に二十四歳で亡くなった伊藤千代子です（写真）。

彼女の生涯の研究が、千代子と同郷の労働者教育協会理事藤田廣登さんによって精力的に進められています。

伊藤千代子の面影

平成九年七月に建立された千代子の顕彰碑は、彼女の生まれ故郷長野県諏訪市湖南南真志野に、諏訪湖を一望するように立っています。碑には彼女の諏訪高等女学校時代の恩師でアララギの歌人土屋文明が、ファシズム下の昭和十年、千代子の死を悼んで詠んだ短歌「まをとめのただ素直にて行きにしを囚へられ獄に死にき五年がほどに」「こころざしつつたふれしをとめよ新しき光の中におきて思はむ」「高き世をただめざすをとめらここにみれば伊藤千代子がことぞかなしき」の三首が刻まれています。

二十一世紀を迎えたいま、世界は新しい戦争の危機にみまわれ、アフガニスタンでは多くの無辜の市民がアメリカ軍の爆撃で殺されました。戦火は一応収束したように見えますけれども、その火種は消えてはいません。何時何処で燃え上がるかわからないのがいまの世界であります。日本も有事法制の制定など再び戦争国家への道を歩みはじめています。このような時代こそ、私たち障害者の立場に立つ者は、戦争に反対して斃れた先人の志を継承して、どんなに困難であっても、平和を守り抜かなければなりません。

今日の「春を呼ぶ集い」が戦争反対運動のさきがけとなることを願い期待して私の話を終わ

ります。

（二〇〇二年二月十六日、東京都生協連会館講堂で開催された「全国障害者問題研究会」、「障害者の生活と権利を守る全国連絡協議会」、および「きょうされん」の三団体共同主催による「二〇〇二年　春を呼ぶつどい」での記念講演）

新・未来のための回想

2002年6月20日　初版第一刷発行

著　者　秋元波留夫
発行者　秋元波留夫
発行所　社会福祉法人「新樹会」創造出版
〒151-0053　東京都渋谷区代々木1-37-4 長谷川ビル
電話 03(3299)7335　　FAX 03(3299)7330
E-mail sozo@alles.or.jp http//www.artlink.gr.jp/souzou/
振替 00120－2－58108
印　刷　社会福祉法人「新樹会」創造印刷

乱丁・落丁はお取り替えいたします。
ISBN 4－88158－272－0　¥2,800